# ¿Quién te enseñó a vender?

"No puedes simplemente pedir a tus clientes que te digan lo que quieren e intentar complacerlos. Cuando lo hagas, siempre te pedirán algo diferente".

(Steve Jobs)

## Sumario

<u>**1. LA LEY DE LA ATRACCIÓN.**</u> ...........................................7

1.1 LA LEY MÁS PODEROSA DEL UNIVERSO..............................7

1.2 El poder de la mente. ...............................................10

## 2. EL PODER DE LA CONVICCIÓN ...............................14

2.1 Crea tu propio estilo paso a paso.............................14
2.2 Para no olvidar… ......................................................16
2.3 Para no equivocarse más, modo y momento. ............19
2.4 Si pronuncio una palabra equivocada. ......................22
2.5 Para crecer es necesario estudiar.............................24
2.6 La mente es tu mayor aliada.....................................26

## 3. LA PALABRA. ..............................................................30

3.1 Las bellas palabras a usar. .......................................30
3.2 Vamos, juguemos un poco. ......................................32
3.3 Las palabras de la cara limpia. .................................34
3.4 ¡No nos ensuciemos las manos!................................36
3.5 Cuando un cliente no está interesado. .....................38
3.6 Algunos ejemplos de frases inútiles para usar. .........42
3.7 El vendedor samaritano. ..........................................47
3.8 El vendedor perseguidor. .........................................50

## 4. LAS BASES DE LA PNL...............................................56

4.1 El Corazón de la Programación Neuro Lingüística. ..56
4.2 El cambio es factible. ...............................................69
4.3 Breve referencia histórica al nacimiento de la PNL. ..74
4.4 Bandler, un poco de entrenamiento de vida no estropea. ........................................................................83
4.5 Aforismos de Bandler, y mucho más........................87

## 4. LA MOTIVACIÓN ................................................. 108

## 5. LAS 22 LEYES INMUTABLES DEL MARKETING .......... 116

5.1 El Marketing del Cazador y el Marketing de la atracción. ............................................................. 116
5.2 Algunas definiciones de Marketing. ...................... 124
5.2 Las 22 leyes inmutables del Marketing. .................. 134

## 6. LAS PALABRAS CORRECTAS PARA VENDER (PARTE 1) ................................................................. 152

6.1 ¡Recuerda que...! ................................................ 152

# 1. La ley de la atracción.

"No hay magia ni trucos que te lleven al éxito inmediato.

El éxito se logra con el tiempo, con energía y mucha determinación".

(Darren Rowse)

## 1.1 La ley más poderosa del Universo.

Antes de apuntar directamente al corazón de nuestro discurso centrado en la Programación Neuro Lingüística e incluir algunas de las técnicas orientadas al Marketing, específicamente a las ventas profesionales, tengo que recordarte que hay una ley de atracción.

Tengo que hacerlo no sólo porque mi moralidad me lo impone, sino porque es bueno que entiendas que esta ley **es la ley más poderosa del Universo**.

No quiero asustarte y hacerte creer que después de leer este libro, adquirirás un extraño poder mágico o sobrenatural que te permitirá atraer a cualquier cliente potencial que desees.

No. **Sólo quiero que sepas que, si tomas la existencia de esta ley y empiezas a seguirla, entonces todo cambiará radicalmente y empezarás a obtener excelentes resultados tanto en la vida laboral como en la privada**. Y te lo repito, no hablo de magia o de experiencias místicas y sobrenaturales (si lo crees, el discurso es diferente, pero yo, en ese momento, no entro en el juego).

Ahora, seguramente te estarás preguntando a qué tipo de atracción me estoy refiriendo (¿Atracción mental? ¿Física? Y así sucesivamente, sin mencionar una lista interminable...). Y es justo que te lo preguntes.

Por eso te responderé tratando de expresarme con la mayor claridad posible.

Me refiero, pues, en este momento, a algo mucho más complejo, me refiero a la atracción en el sentido más amplio del término, es decir, a **la pura capacidad de atraer a nuestras vidas lo que queramos, cualquier cosa hacia la cual dirigimos nuestras (llenas) energías.**

La ley de la atracción tiene de extraordinario, en efecto, el poder de crear nuestra realidad en cada momento, de modelarla, de mejorarla, de potenciarla día tras día, momento tras momento, instante tras momento; por **eso es importante aprender a utilizar el gran poder de la mente para hacer realidad nuestros pensamientos**, para aplicar esas estrategias de comunicación, (en el caso específico, en este libro, nos referimos a todas esas estrategias comunicativas inherentes a la venta, que adoptaremos gracias al conocimiento de la Programación Neuro Lingüística) reglas para atraer a tantos clientes como sea posible.

**Tengo que recordarte que hay una ley de atracción y**

**que es la ley más poderosa del universo.**

## 1.2 El poder de la mente.

**La atracción es la capacidad pura de atraer a nuestras vidas cualquier cosa que deseamos, cualquier cosa hacia la que dirigimos nuestras energías.**

**Nuestra mente es nuestra mayor aliada:** en el trabajo, como en la vida privada, tener una mente lúcida, en equilibrio estable, te permite afrontar las situaciones más improbables con firmeza; o al menos te da la oportunidad de intentarlo. Si aprendemos a crear una perfecta unión entre nuestra mente (lo que pensamos, lo que queremos, lo que percibimos) y nuestro comportamiento y lenguaje (lo que mostramos con palabras y gestos, es decir, la famosa comunicación verbal y no verbal de la que oímos hablar a menudo) entonces, **el juego está hecho.**

En ese momento, seremos absolutamente capaces de **atraer a nuestras vidas cualquier cosa que queramos, cualquier cosa a la que dirijamos nuestra atención y nuestra energía.** Sé que puedo parecerte repetitiva, y créeme, nunca te aburriría con esta lectura, pero voy a tener que repetir algunas frases para que realmente **puedas hacerlas tuyas. Para que puedas creerlo. Porque es así.** No hay magia o trucos que te lleven al éxito inmediato - eso lo sabemos. El camino hacia cualquier tipo de ambición es tortuoso, difícil, variable, pero lo importante es **no perder nunca de vista el verdadero objetivo por el cual seguimos moviéndonos en esta máquina burocrática llamada sociedad.**

Ya sea que seas (aún por poco) un vendedor mediocre o (ya) un vendedor exitoso sólo tienes que seguir atrayendo hacia ti lo mejor, sin detenerte ante las dificultades que encuentras (y que siempre encontrarás) en tu ruta de trabajo. **Tienes que atraer. Siempre y cuando sea.**

**El éxito se logra con el tiempo, con energía y mucha determinación.** Así que ahora concéntrate en tu deseo de cambio, enfoca tus objetivos, concéntrate en ti mismo y déjate capturar, por el momento, por la lectura.

Antes de hacerlo, te aconsejaría que anotaras en una hoja las que, en tu opinión y a la luz de lo que ha sido tu carrera profesional hasta hoy, son **tus puntos débiles y tus fortalezas.** Anotar en primer lugar los puntos débiles te permitirá asumir una actitud muy humana (componente indispensable para cualquier formación profesional. **Recuerda: eres un hombre antes de ser un líder**, y cuando seas un líder, envidiado por todos, deberás respetar a tus empleados mostrándoles **tu componente humano, como antes y más que antes).**

Después de haber escrito tus debilidades y de haberlas leído más de una vez, escribe al lado (siempre usando la misma hoja), **tus fortalezas: éstas serán el centro alrededor del cual deberás construir, en el verdadero sentido de la palabra, tu carrera profesional.**

**Tus fortalezas te ayudarán a marcar la diferencia en cualquier área que actúes o estés llamando la atención.** Y si no los encuentras, porque sigues siendo un vendedor con poca confianza en ti mismo y en busca de su propio valor personal y profesional, ¡entonces **escoge un modelo que te sirva y apunta a él!** Anota su fuerza gestual y verbal e intenta entender por qué quieres parecerte a él. A partir de ahora, será un buen punto de referencia para ti. Verás, llegará un momento en que su imagen se parecerá tanto a ti que ni siquiera necesitarás recordarlo.

**Serás tú. Y siempre serás tú quien atraiga. Porque tienes que atraer. Y lo harás. Verás.**

El objetivo de este libro es la utilidad y la practicidad: aprendería las principales técnicas de la Programación Neuro Lingüística aplicables a la venta. **Sales Techniques no quiere ser más que una guía útil y sobre todo práctica para ti.** Espero que no encuentres nada extremadamente complejo o enredado. Intentaré simplificar, tanto como sea posible, frases y conceptos para que puedas entenderlos hasta el fondo.

Si. Porque detrás de este libro estoy yo, lista para recordarte que lograr el éxito **es posible y que no es absolutamente nada, absolutamente es, imparable.**

Sólo tienes que aprender cómo hacer, qué estrategias de comunicación aplicar, qué comportamientos tomar frente a tu potencial cliente en todas las diferentes circunstancias laborales en las que estarás presente.

Así que, ¿empezamos?

Nuestra mente es nuestra mayor aliada y tus fortalezas te ayudarán a hacer la diferencia en cualquier área en la que estés actuando o estés llamando la atención.

# 2. El poder de la Convicción

"Crea tu propia guía de estilo. Que sea único e identificable para los demás".

(Orson Welles)

## 2.1 Crea tu propio estilo paso a paso.

Espero que hayas seguido mi consejo de anotar en (famoso) hoja de papel los que son, para ti, todos tus puntos débiles y tus fortalezas. Una vez hecho esto, será posible transformar esos defectos (o llamémoslos debilidades) en virtudes porque tendrás una imagen mucho más clara de ti, de tu figura profesional y, antes aún, personal. Ya sabrás de ti mismo, en ese momento, que deberás trabajar duro para suavizar todos los ángulos de tu carácter que te impiden concretamente beneficiar tu vida profesional (y antes de esta privada) pero que, al contrario, sólo te crean desventajas sobre desventajas.

Ciertamente, no se puede cambiar de la noche a la mañana. Por eso se necesita mucho esfuerzo y sobre todo valor para emprender un camino similar. Pero de todo esto, serás tú y sólo tú quien se beneficiará. ¡Y nadie más!

**Verás que el estilo que adoptarás, y con el que te diferenciarás del resto, no será más que el resultado final de un proceso de cambio importante, en el que tu identidad estará estructurada, en todo su conjunto, en tus fortalezas, no tus debilidades.**

Sólo a través de un verdadero proceso de trabajo constante sobre uno mismo se puede aspirar a convertirse en un verdadero líder, pero un líder que realmente hace la diferencia con los demás, un líder de estilo único e irreductible, un líder siempre capaz de hacer jaque mate en su propio sector profesional.

Tendrás que aprender a diferenciarte de la multitud. Empezarás a hacerlo inmolándote a un modelo; crecerás hasta el punto de superarlo, con determinación y mucha fuerza de voluntad.

Sabes muy bien que **el objetivo final de este libro es enfocar tu crecimiento profesional.** Por esta razón, aquí encontrarás una lista de las mejores técnicas y estrategias de comunicación que harán de ti un líder del sector, carismático y motivado, capaz de multiplicar las ventas, de motivar a tus colaboradores (y de gestionarlos, sobre todo), capaz de comunicarse tanto en público como en privado, pero, lo más importante, **serás un líder que hará de la palabra usada un arma a su favor.**

Cuando te invité a poner tus defectos en papel blanco y tus virtudes fueron para animarte a dar una definición precisa a algunas de las características que, según tú, mejor te representan. Digamos que te has identificado (negativamente) usando adjetivos como: ansioso, hablador, nervioso, agitado, ¡estás seguro de que de estas identificaciones no puedes escapar! Si elegiste el adjetivo ansioso y no el adjetivo amistoso, ¡debe haber una razón!

Si eres (o has sido) un vendedor ansioso, como te defines, significa que has tomado realmente actitudes, (a los ojos de su cliente potencial o incluso sólo de los colegas, por ejemplo), de la típica ansiedad de rendimiento.

**Así que es hora de seguir adelante.**

## 2.2 Para no olvidar...

En caso de que tengas alguna pequeña duda sobre lo que he escrito hasta ahora, haré un rápido resumen. Es importante detenerse y dedicarse (de vez en cuando) a un repaso, de lo contrario te será difícil memorizar algunos de los conceptos que encontrarás en este libro.

En primer lugar, como buen vendedor, debes saber:

**1.** A cada palabra corresponde un significado preciso. Y de ese significado no se escapa. No se vuelve atrás. Si has aparecido como un vendedor ansioso, pedante, ¡seguro que ese cliente nunca volverá!

Después de tener una reunión contigo, se dejó llevar por comentarios como:

"¡Qué ansiedad! ¡Nunca más volveré a verle!" "No sabía cómo librarme de él, pero ¿quién es? ¿Cuánto habla?" "Pero, ¿qué quiere? ¿No se dio cuenta de que no estaba interesado en absoluto?" "¿Pero ¿cuánto insistía? ¡No se callaba!" "La próxima vez que lo vea, cambiaré de dirección". **Si estás pensando que de lo que piensan los demás de ti, te importa lo correcto, ¡te estoy diciendo desde ahora que lo estás haciendo muy mal! Al menos si quieres ser un vendedor con D mayúscula.**

¡Tienes que tener mucho cuidado con la identificación que te van a dar! Suena estúpido, pero en la gramática italiana, los adjetivos hacen la diferencia, ¿sabes? Por lo tanto, tienes que tratar de convertir estos adjetivos negativos en lo contrario.

Si te llamas a ti mismo un vendedor hablador entonces, deberás aspirar a ser un vendedor moderadamente incisivo, capaz de escuchar y de relacionarse con el cliente que, tal vez en ese momento, preferiría saber sólo algunos de los millones de datos que tú quieres darle hasta el punto de experimentar la fatídica sensación de asfixia, y el deseo de salir corriendo cuando está frente a ti. Crear el proceso de cambio significa, también, transformar ese: "No sabía cómo librarme de él, pero ¿quién es?" en un "¡El tipo sabe hacer, es inteligente! Quizás pueda ayudarme de verdad...", "me inspira confianza", "me ha convencido...".

**Crea tu propio estilo y haz que sea creíble. Para ser creíble, tienes que ganarte la confianza de los que te escuchan, y el 99% de esa confianza sólo la obtendrás si eres capaz de comportarte, de respetar y adoptar un lenguaje adaptado a la situación en la que te encuentras.**

**2. ¡Debes aceptar, antes que nada, que no existe un comportamiento separado del lenguaje!** Tu forma de portar, tus actitudes, tus comportamientos son tan importantes como lo que te comunicas verbalmente (y no, es decir, las expresiones faciales). **Recuerda => Eres el resultado de lo que dices y de lo que haces, esta es la guía que necesitas para crear su propio estilo.**

No hay escisión entre las dos cosas, no puede haber un comportamiento incorrecto mezclado con un lenguaje adecuado, y viceversa. **Crea tu propia guía de estilo. Y hazlo conscientemente.**

**Crea una guía de estilo que sea única e identificable para los demás, pero hazlo mediante la perfecta sinergia entre el comportamiento que tomas y el lenguaje que usas.**

**El estilo que adoptarás, y con el que te distinguirás del resto, no será más que el resultado final de un proceso de cambio importante, en el que tu identidad estará estructurada, en todo su conjunto, sus fortalezas y no debilidades.**

## 2.3 Para no equivocarse más, modo y momento.

Tendremos ocasión de hablar, en los próximos párrafos, de la palabra y del extraordinario poder que en ella reside. Pero ahora quiero tranquilizarte. Porque si estás leyendo este libro, de alguna manera, estarás ansiosa por las hipótesis de tu futuro, o peor, estarás experimentando una situación de total descontento sobre tu situación profesional actual.

Tal vez te hayas reprochado diciendo frases como: "No he sido capaz de convertirme en nada de lo que me hubiera gustado ser", "No soy un líder, no soy una mierda", "¿Por qué sigo vendiendo si no puedo hacerlo? Tal vez sería mejor si yo fuera a la hípica".

**Entonces, querido amigo, te digo que estás completamente equivocado, que te equivocas al pensar así.** Porque si estás hojeando estas cuatro páginas es porque estás dispuesto a mejorar y perseguir el camino del éxito que pasa (necesariamente, y te lo repito) a través del cambio. ¿Y no es la lectura de este libro el mayor indicio de tu deseo de cambio? Si no, no estarías aquí sentado leyéndome, te lo garantizo. ¡Así que has dado el primer paso! **Así que te dices a ti mismo que lo hiciste bien, que fuiste valiente y que puedes hacerlo.**

Te aseguro que cuando termines tu lectura (¡tómate tu tiempo, no te apresures, de hecho! De vez en cuando, tómate un descanso y asegúrate de entender los conceptos para luego aplicarlos en la vida real), algo en ti cambiará.

Serás una persona mucho más consciente y tendrás un gran deseo de intentarlo. Sí. De intentar cambiar, experimentar, descubrir. Y lo harás día a día. Pero hasta entonces, tendrás que ser una esponja para absorber todos esos conceptos que quizás son hoy, para ti, nuevos.

Luego quiero decirte otra cosa de una manera totalmente confidencial (que quede entre sólo tú y yo, quiero decir). **¿A quién no le ha ocurrido nunca de equivocarse? De equivocarse en la manera y el momento, por ejemplo.** ¡UFFFFF! A todos (y aquí juraría que podría firmar en el adverbio seguramente).

Y si hay una cosa (muy probablemente) que nos une a todos nosotros y nuestras experiencias de vida personal es el hecho de que, al menos una vez en la vida, nos hemos **equivocado de palabra.** Con nuestros seres queridos, con nuestros colegas, con nuestros novios/es. Sí. Nos equivocamos al utilizar las palabras correctamente, y hemos herido, o simplemente hemos perdido oportunidades para nosotros importantes. **Nos equivocamos de modo y momento.**

La frase: "Si pudiera volver atrás, no diría que...", ¿quieres que crea que nunca la pronuncié? Imposible. Por muy trivial que pueda parecer, o reduccionista, o simplista, por lo que respecta a mi experiencia de vida, **puedo decirte que la vida juega las reglas del aquí y ahora. Nada más que eso. Y todo el mundo se equivocó en la manera y el momento perdiendo la oportunidad de disfrutar de este**

**aquí y ese ahora que podían cambiar una x condición.**

Porque de un simple aquí y ahora se genera un aquí y ahora siguiente, y así sucesivamente.

Parece un rompecabezas, pero no quiere serlo. Y puede ser un aquí y ahora mejor que aquí y ahora anterior; siempre para mejor.

**Por eso presta atención a tu aquí y a tu ahora: aplica la mejor manera de comportamiento y el mejor lenguaje del que eres capaz a tu aquí y a tu momento presente (tu ahora).**

**Recuerda => Modo y momento, siempre.**

## 2.4 Si pronuncio una palabra equivocada.

**Una palabra equivocada** en una situación laboral determinada; una palabra equivocada en una relación de dos; **una palabra equivocada** sin peros ni peros. Es y seguirá siendo para siempre una palabra equivocada que no iba, muy probablemente, pronunciada. Pero cuando la tortilla está hecha, ¿qué puedes hacer? ¡Intenta arremangarte y lee este libro!

Si no confías en él, también puedes elegir soluciones alternativas como meditar o ir a hacer yoga para relajar tu tensión neuromuscular. Pero esto podría dártelo en una primera fase de desesperanza. ¡Luego no! ¡Ya no! Un cliente perdido, puede convertirse en un clavo fijo; un contrato perdido puede convertirse en un gusano en la cabeza o, si lo prefieres, en un hámster dulce y tierno que corre sobre la rueda que tú mismo has colocado en la cabeza, exactamente entre tu cerebro izquierdo y derecho. Y corre, corre como loca, y no sabes por dónde empezar de nuevo (pensé, si no te gustaban los hamsters siempre puedes elegir un cangrejo que navega en el fondo del mar, en el fondo del marrrrrrrrrrrrrrrr").

Aquí tienes.

Calmémonos todos y tú, en cambio, escúchame atentamente: **esa palabra se ha ido, y no te la devolverá nadie.** ¿Y sabes qué? Si era uno de esos clientes potenciales para los que habrías hecho locuras, vamos, "no sabes cuántos euros de fortuitas vale", sabes que has perdido, **por culpa de esa palabra equivocada, una oportunidad de oro.** Lo hemos comprobado. Ahora, fin.

Ahora, en lugar de llorar sobre la leche derramada, no te queda más que aplicar todas las energías de las que dispones y que, apuesto, ni siquiera tú sabes que tienes (siempre después de la meditación, el yoga y el viaje al fondo del mar) al estudio de este libro.

Estudiar. Sí. Estudiar y **aprender a no hacerte daño.** Tienes que repetírtelo constantemente por la mañana cuando te despiertas y por la noche antes de que te duermas: **no volveré a hacerme daño. Aprovecharé al máximo todas las oportunidades que se me presenten porque lo creo, porque lo quiero, y porque sé comunicarme.**

**Ahora, tienes que aprender a comunicarte para triunfar.**

Pídele amablemente a tu hámster que se baje de la rueda y se vaya a dar una vuelta, porque a partir de ahora, no tendrás tanto tiempo para dedicarle.

**Ahora tienes que estudiar, amigo mío.**

**Lo quieras o no.**

**Y tienes que recordar que la vida juega las reglas del aquí y ahora.**

## 2.5 Para crecer es necesario estudiar.

Yo, primero, tuve que estudiar. ¡Pero estudiar mucho, eh! Y no sólo en los libros; tuve que estudiar libros y experiencias; estudiarme a mí misma, mis comportamientos, mi manera de acercarme al otro, mi expresividad gestual y verbal.

Tuve que entender completamente lo que estaba haciendo mal en la comunicación con los clientes, recordar las palabras con las que me perjudicaba en lugar de beneficiarme.

Ha sido un trabajo duro, más bien duro, y todavía está en fase experimental porque, como te decía antes, no se aprende todo de la noche a la mañana y, como en todo vicio, **no se deja de la noche a la mañana.**

Mientras tanto aprende que:

=> **El crecimiento es profesional.**

=> **El crecimiento es individual.**

=> **El crecimiento es continuo.**

=> **El crecimiento es subjetivo.**

=> **El crecimiento está en hacerlo.**

=> **El crecimiento es empírico.**

=> **El crecimiento es importante.**

Ya aprender esto (¿te parecerá trivial?) es muy, muy importante para ti.

## 2.6 La mente es tu mayor aliada.

Cuántas veces, como yo, habrás cometido errores que, pensando en retrospectiva, no podías prever tanto daño a tu empresa, a tu propio trabajo, llevándote a ti mismo, en consecuencia, a creer que eres un vendedor/colaborador mediocre. Una cosa que quiero decirte es que si eres el primero en pensarlo (que eres un vendedor/colaborador mediocre), entonces siempre serás el primero en hacerte daño hasta que te encierres, por enterrarte en esta lamentable clasificación en la que te has convertido.

**La mente puede ser una gran aliada, pero tienes que darle una mejilla. Y tienes que creerlo, tú primero, en tus metas y en tus capacidades, de lo contrario no conseguirás ningún éxito; sin ventas, sin colaboraciones, sin realizaciones; nada de nada.**

Aparte del hecho de que podrían ser de diversa naturaleza las causas de mi/tu/nuestra/vuestra/vuestra falta de capacidad de comunicarse en un determinado contexto laboral, en este momento sólo hay una verdad:

**Si estás leyendo este libro es porque no eres un mediocre.**

**Eres un líder y no sabes (por poco) cómo serlo, cómo llegar a serlo.**

Repito (y lloro aquí): eres un líder porque si sólo tienes el interés de hojear estas páginas significa que has comprendido perfectamente que, tu modo de comunicar, no es lo suficientemente útil (para ti mismo y/o para tu empresa) Y que tu trabajo, en este momento, no es tan gratificante como te gustaría que fuera. Sientes que puedes hacer más, sientes que quieres y puedes triunfar. Pero no puedes.

**Te das cuenta de que tienes que ir más allá de tus límites, conectar con quien te escucha (en este caso, tu propio objetivo). Mientras tanto, te aconsejo que entres en relación con ellos en puntas de pie: el objetivo último debe ser meterse en su mente para no salir más (con las debidas precauciones, es obvio) y esto no se puede hacer con una actitud decidida.**

**Quieres y tienes que aprender cómo hacerlo.**

Después de estos primeros párrafos, amigo mío, sabes muy bien que:

- **existe una ley de atracción capaz de transformar el propio destino a través de la fuerza de la mente y sabes que a**

partir de esta conciencia puede ocurrir el cambio;
- a cada palabra corresponde un significado preciso. Y de ese significado no se escapa. No se vuelve atrás;
- Debes aceptar, antes que nada, que no existe un comportamiento que se separe del lenguaje;
- el crecimiento es profesional. Es individual. Es continua. Es subjetivo. Está en hacerlo. Es empírico. Es importante.

Por lo tanto, sólo tienes que seguir leyendo para adentrarte en **el mundo de la venta de Neuro Lingüística** (en la medida de lo posible) para aprender todas las estrategias que ésta te sugiere, para que puedas mejorar profesionalmente y descubrir cómo obtener el máximo (por ti mismo) de tu trabajo y de tu vida.

El estudio de algunos consejos propuestos por la **PNL** te servirá (diariamente) para acompañar a hombres de negocios, líderes, como tú. Pero recuerda siempre que al final de la feria, a pesar del estudio de esta amable lectura, sólo contará lo que serás capaz de conseguir, en términos sencillos, contará lo que serás capaz de llevar a casa.

Si no traes nada (y yo no te lo deseo) **será sólo porque TÚ no has sido capaz de venderte bien, de llegar al otro (el cliente) en punta de pie; no has sido capaz de leer este libro con la atención y el cuidado que merece.**

**Será sólo porque TÚ no has sabido elegir las bellas palabras a utilizar para atraer y para convencer.**

# 3. La Palabra.

"En el vocabulario las palabras están alineadas, están en posición de alerta, tienen la cara limpia. En cuanto se llenan de realidad, rompen las filas y se liberan desordenadamente en las plazas: aflojan el cinturón y corbata, muestran la lengua y se ensucian las manos".

## 3.1 Las bellas palabras a usar.

Sí. ¿Pero cuáles son esas hermosas palabras? Hay quien dice que las palabras pueden ser un arma de doble filo; en efecto, hay palabras que, si se dicen en un determinado contexto y en un preciso momento (véase el parágrafo anterior) tienen la capacidad de cambiar drásticamente nuestra posición laboral y personal.

Nos pueden dar la vuelta, meternos en un estado de confusión: "¡Pero no quise decir eso!", "No era exactamente lo que quería decir", "Lo que dije mal excepto...", "Tal vez no fui claro, podría haber dicho que...", "Sigue sin entender (él = cliente) lo que estoy diciendo".

No, por desgracia. Ahora que empiezas a estudiar la Programación Neuro Lingüística, entenderás cómo, en realidad, **en este oficio no se acepta más que una aserción: no es el cliente el que no ha comprendido, eres tú el que no se ha explicado bien.**

**¡Esta es otra de las reglas principales de la PNL a considerar, siempre! ¡Y debes recordarla DE VERDAD!**

Te acurrucaré, siempre en caso de que se te haya escapado algún detalle en las páginas anteriores que, si te has equivocado al hablar con un cliente importante, has perdido una oportunidad y, **¡En el 99% de los casos esa oportunidad no volverá a surgir!** Esa oportunidad se ha ido a la mierda. Y ahora lo entiendes.

Si lo has dicho, lo has dicho; todo está ya a un paso de ti y, suponiendo que no tengas una relación con este cliente (y te desearía que no, porque también aquí habría mucho que escribir), es difícil que la otra parte esté dispuesta a perdonarte el uso de una palabra llamada fuera de lugar o que esté dispuesta a darte una segunda oportunidad (sobre todo después de una explicación neurótica, confusa y/o intrusiva).

## 3.2 Vamos, juguemos un poco.

**Con el cliente tienes que imaginarte haciendo un juego.**

Para jugar, primero, **tienes que ponerte al mismo nivel.** Nunca dar la sensación de saber más de él tanto en el ámbito de su competencia como en otros (de su competencia, por ejemplo). Tú y él estáis en el mismo plano: la diferencia es que quizás él te necesite (pero todavía no lo sabe, o quizás estaba empezando a documentarse sobre tu servicio o sobre tu producto); **tú, en cambio, tienes una puta necesidad de él.**

Así que... **siempre quédate detrás de él y escucha lo que necesita.** Si entender sus necesidades puede parecerte (al principio) muy difícil entonces se te permitirá fingir que lo entiendes (pero sólo al principio, lo repito) al menos hasta que te hayas vuelto lo suficientemente bueno como para poder percibir con total autonomía, de cada uno de sus gestos o palabras, sus exigencias, sus expectativas, sus necesidades, sus urgencias o incluso las que son de su simple curiosidad.

**No importa si estás fingiendo, lo que importa es que pareces seguro de la forma en que te expresas y de la forma en que actúas.**

Lo importante es que, en ese preciso momento de conversación con él, tú te haces percibir interesado en sus peticiones; finge (para bien) comprender sus palabras y de valor, como diciéndole: "¡Estoy yo ahora, todo está pasado!". Más tarde, cuando aprendas a aplicar a las ventas las técnicas que la PNL te sugiere, ya te habrás convertido en profesional y, en ese momento, ya no tendrás que fingir.

**Juega (no muy sucio) pero inténtalo.**

Llama a este juego el juego "**Dime lo que ofreces y te diré quién eres**". Recuerda que ahora estás en el mismo plano, pero él es el que mueve los peones, siempre es el que tiene que elegirte, de entre muchos, después de escucharte. Lo sé, es un juego un poco extraño porque es como jugar en el banquillo, pero no hace nada. Este juego comienza en el momento en que te pones en contacto con ÉL.

Y ahí es donde, para ganar, tienes que empezar a jugar.

Has llegado a Él. Aquí estamos. Estás a punto de ponerte a su nivel. Hecho. Muy bien. Estáis el uno frente al otro. De repente gira el reloj de arena. Comienza la cuenta atrás. Sólo tienes unos minutos para hacerle saber lo que estás ofreciendo, lo que has estado haciendo. El tiempo pasa rápido. Se acabó.

En ese momento, ya habrás creado en su mente una o más ideas sobre ti basadas en la percepción que surgió de ese encuentro. Todo lo que tienes que hacer es esperar a ver si la maldita tarjeta es **verde o roja.**

No tardaré mucho en adivinarlo, créeme.

## 3.3 Las palabras de la cara limpia.

Vamos a releer juntos:

"En el vocabulario las palabras están alineadas, están en posición de alerta, tienen la cara limpia. En cuanto se llenan de realidad, rompen las filas y se liberan desordenadamente en las plazas: aflojan el cinturón y corbata, muestran la lengua y se ensucian las manos"

Bonita cita, nada que decir. Y quiero compartirla contigo, no porque quiera ser una filóloga estrafalaria, este no es el momento adecuado para serlo (aunque siempre he tenido una fuerte inclinación hacia la filología) Si he decidido incluirla en este párrafo es para que entiendas algo que es mucho más fácil de entender de lo que imaginas.

En el vocabulario las palabras están alineadas, están en posición de alerta, tienen la cara limpia - significa propiamente que las palabras que todos conocemos, que desde niños nos han enseñado a expresar, Primero con los sonidos y luego con las letras del alfabeto, están perfectamente alineadas dentro de nuestro Vocabulario de la lengua italiana.

Alguien, antes que nosotros, ha hecho el esfuerzo de la obra preocupando por nosotros. Ya están allí, a un paso de nosotros, bien provistas. Todas alineadas, como los escolares en fila en su segundo día de escuela. Gran parte del trabajo ya se ha realizado, si se puede decir.

**¿Qué debemos hacer con estas palabras? Una cosa es cierta: no debemos preocuparnos de embellecerlas ulteriormente** (repito, a esto ya pensó la Crusca hace años y años, Dante aún antes que la Señora Crusca). **¡Así que nuestra afortunada tarea se reduce a saber elegirlas, con cuidado, nada más!**

Me reprochan (seguramente) lo fácil que es decirlo y lo poco que se puede hacer. Les aseguro que no es así. Pero lo verán ustedes mismos muy pronto. Así que les confirmo que es fácil decirlo, pero aún más fácil hacerlo, créanme.

**No te ensucies las manos y ten cuidado.**

## 3.4 ¡No nos ensuciemos las manos!

Una vez que hayas aprendido del estudio de la PNL (aplicada a las ventas) cuáles son las palabras correctas que se deben usar y los comportamientos adecuados que se deben asumir ante nuestro objetivo cuidadosamente seleccionado, todo estará claro. Estas palabras y estos comportamientos se encierran en **un conjunto finito y ustedes sólo tendrán que sacar de ese conjunto con conciencia, prudencia y valentía.** Porque se sabe, una pizca de coraje, en cualquier tipo de situación, nunca falla.

**Tengo que saber las palabras que están en el interior de ese conjunto finito para poder tener éxito en este intento. Estar preparado es un método invencible para no perder, para no equivocarse.** Si sé a dónde quiero llegar, sí sé lo que quiero apuntar, sí sé lo que tengo que decir en ciertos contextos y lo que no digo en otros, sí sé lo importante que es mi gestualidad para la profesión que llevo a cabo, entonces **mi riesgo de fallar se reduce y, en consecuencia, mi oportunidad de ganar aumenta.**

Normalmente, no son las palabras las que están en el poder de los hombres, pero son los hombres los que están en el poder de las palabras - escribía Hugo von Hofmannsthal (otro aforismo que adoro citar). Si lo piensas, en una frase como esa encontramos el resumen perfecto de lo que nos hemos estado contando (tú y yo) durante casi media hora. A la luz de nuestros discursos, estarás de acuerdo conmigo en que **somos nosotros quienes estamos a su merced, y no al revés.**

Con los tiempos que corren y en el contexto sociocultural y político en el que vivimos, se esfuerza por explotar la fuerza magnética de las palabras extrayéndola de su propia belleza; En cambio, se acaba haciendo un uso inadecuado y despiadado que atrapa incluso a quienes las pronuncian.

Pero siempre ha sido otra historia.

Después de la lectura de este libro y el estudio de las principales técnicas de la Programación Neuro Lingüística podrás aplicar (con total autonomía, te lo garantizo) el correcto comportamiento lingüístico (verbal y no verbal) ante tus clientes; ¡y no sólo!

Si has seguido mi consejo hasta aquí (cuidadosamente) seguramente habrás dado (ya) varios pasos adelante, **porque el conocimiento es la primera forma de cambio. Y tú quieres convertirte en un profesional (y sabes que quieres serlo), de lo contrario no tendrías este libro en tus manos.**

## 3.5 Cuando un cliente no está interesado.

A lo largo de tu carrera, sabrás reconocer en qué ocasiones será conveniente aplicar todas las estrategias que hayas aprendido del estudio de la Programación Neuro Lingüística aplicada a las ventas y sabrás comprender (en absoluta autonomía) al mismo tiempo y cuando lo consideres oportuno, en qué circunstancia aplicar uno de los refranes más famosos del mundo: **el silencio vale más que mil palabras.** Sí, porque en muchos casos, **¡tienes que aprender a reconocer incluso cuando sea el momento de callarte!**

"¿Cómo?" - ¿Te estarás preguntando, "un vendedor no puede quedarse callado, ¿cómo podría vender? ¿Con la fuerza del pensamiento?". Ahora no quiero decir que sea verdad, pero confía en mí, en muchas ocasiones, te conviene callarte en lugar de hablar de más.

Imagínate que la persona frente a ti tiene sólo 10 minutos para dedicarte, no más; después de esos sagrados minutos te abandonará porque tiene que correr a hacer la compra, para luego tomar a la hija que va al nido (de mala gana) para luego volver y preparar la cena (siempre con la hija del nido en brazos) en espera de que vuelva el marido, cansado después de un día de trabajo, etc...

Digamos que nuestro potencial cliente, en este caso una simple mujer de la familia, te da los famosos 10 minutos de su vida. En tu opinión, ¿cuál sería la mejor manera de jugar y llevar la victoria a casa? Responde sinceramente:

**(a)** agredir verbalmente disparando con ráfagas todo lo que necesita saber acerca de tu producto/servicio (Insertando, aquí y allá, pistas sobre tu vida personal: "Hola soy Luca y llevo haciendo este trabajo toda mi vida, antes vivía en Lourdes ahora me mudé porque nuestra empresa... / Yo, como tú, no sabía de este producto hasta que lo descubrí y ahora no puedo hacerlo más lejos, lo he recomendado a todos mis amigos, a mi familia...ellos también viven en Lourdes, no se han mudado. Así que, como te decía, acabo de vivir aquí, pero la pasión por mi trabajo...";

**(b)** mostrar un (falso) interés en su primer: "No gracias, no estoy interesado" haciendo que crea que respeta tu posición para luego, un instante después, atacarla verbalmente disparando a ráfaga todo lo que hay que saber sobre su producto/servicio (y así sucesivamente) porque USTED NO SABE LO QUE DICE NO, DEBE SABERLO A CUALQUIER PRECIO, AQUÍ Y AHORA;

**(c)** asumir una actitud que sea lo más espontánea posible invitándola, en caso de que descubra su interés, a contactarla con el número que amablemente le está dejando adjunto al catálogo de su producto/servicio. Porque tú, en los minutos anteriores, le has explicado por qué podrías serle útil y, inmediatamente después, has mostrado respeto por las razones de su desinterés: **le has dejado el espacio para hablar y permaneciendo a escuchar en silencio.**

Veamos a las respuestas que has dado las consecuencias que (trabajando hablando) podrías obtener:

**(a)** Si te comportas como lo haría este vendedor número uno (¡y podría citar a todo el mundo!), la reacción inmediata de la mujer es la **huida**. Pero la fuga también es una **desaparición**.

La próxima vez que te vea, no sólo te ignorará, sino que se camuflará entre los coches aparcados (sería capaz de hacerlo también con la niña en brazos, no sabes de lo que son capaces las mujeres en ciertas situaciones).

¡El resultado final será que no obtendrás, de esa mujer de familia, nunca, nunca, nada! ¿Quieres ser una ansiedad adicional a las suyas? Que así sea. Ya tiene demasiadas cosas de las que preocuparse, y encontrarte sería una preocupación más... Si no te has dado cuenta, le estás poniendo nerviosa.

**(b)** En este caso **se sentirá (inmediatamente) burlada** y no te dará una segunda oportunidad. La has engañado. Y las mujeres no deben engañarse. Le hiciste creer que la entendías, la mirabas con aire de compasión, (quizás más empática que compasiva) y luego ¿qué hiciste? ¡A ti no te importa! Fuiste el egoísta de siempre, que puso sus intereses por delante de ella. A veces, en el trabajo, funciona como en las relaciones, así que cuidado con lo que haces si quieres salirte con la tuya.

**(c)** Si has elegido esta respuesta te has acercado a la solución correcta y si, con el tiempo, se convence de que necesita tu producto/servicio se pondrá en contacto contigo. Porque **has sido bueno escuchándola**, no la has puesto tan nerviosa como lo hacen otros de tus colegas, pero recuerda que tienes que llevar a casa ese cierre de contrato, Por lo tanto, **permanecer en silencio a veces puede ser muy útil y puede traerte muchas más ventajas de las que obtendrías si no lo hicieras**, pero, recuerda también que aquí, me remito a los casos en los que el cliente muestra (de inmediato) una actitud reservada o un claro desinterés.

Por eso te sugiero que **apuntes a un rango** que ya sabes que es útil para ti. **Hacer una captura de pantalla de tus clientes potenciales**, apuntar a una **identificación precisa** te llevará a ahorrar tiempo y energía para invertir en otros, como un cliente que nunca estará interesado en lo que haces. Y cuando te enfrentas a un cliente realmente interesado, tomas la actitud humilde e inteligente que ya sabes que puedes tener.

# 3.6 Algunos ejemplos de frases inútiles para usar.

Repito una vez más. **Si un cliente no está interesado en tu servicio o en tu producto te será evidente desde el principio por lo que no tendrás que tomar un comportamiento fuertemente insistente por medio de frases/actitudes que crean, en él, la vergüenza y el deseo de escapar.**

Prohibe, a partir de este momento, todas las frases que sueles utilizar y que consideras que tienen cierta semejanza con las siguientes que te ofrezco:

=> "Mire, confíe en mí, lo que le ofrezco es único, se lo garantizo".

=> "Lo he probado y funciona, desde que lo compré noté un cambio".

=> "Yo lo probaría si fuera usted".

=> "Hágame caso".

=> "¿Quiere pensar? Eh... mire no para apurarla, pero...".

=> "Sólo nos quedan dos piezas de regalo y la demanda es alta, así que le aconsejo que no lo piense demasiado y se lo tome ahora".

=> "Aproveche, la oferta está ahora, y no sucede todos los días".

Te explicaré por qué estos ejemplos de frases son absolutamente prohibidos:

- "Mire, confíe en mí, lo que le ofrezco es único, se lo aseguro".

El verbo fiar subestima una relación de confianza (literalmente: fe verdadera, confiar en) que, en el momento, entre tú y el cliente, no existe. Primero tienes que ser creíble ante sus ojos y luego confiar en él. Pronunciar este verbo, en contextos inoportunos, es un intento que indica tu necesidad de quemar las etapas => para que llegues a él => así consigues lo que quieres. Pero esto es lo que el cliente te advierte, y te costará mucho más ganarte su confianza. Mejor utilizar verbos en referencia a tu servicio/producto, (realzando las características, las cualidades, los beneficios que podría obtener), pero no a tu persona.

- "Lo he probado y funciona, desde que lo compré noté un cambio".

Yo lo he probado y funciona es la típica frase que un vendedor dice que lo hace todo para vender. Esto crea inmediatamente una distancia adicional entre tú y el cliente, lo que te hace un payaso de circo. Sabe que no lo has probado y que estás tratando de engañarle o que no lo usas como quieres que crea. Si es verdad, en vez de beneficiarte tú también, no lo digas, hasta el momento en que se haya creado entre vosotros un vínculo de respeto mutuo.

- "Yo lo probaría si fuera tú".

Tú no eres ella. No sabes lo que ella necesita en ese momento. El tuyo es sólo un intento de convicción que no llevará a nada, suponiendo que no vendas perfumes que ya se sabe, se sienten más que de buen grado. En este punto se aconseja frases del tipo: "Si quiere probarlo pregunte también..."/ "Si quiere le muestro rápidamente "(adverbio muy útil en la comunicación porque deja entender tu voluntad de no capturar a tu cliente sustrayéndole todo el oxígeno que necesita para respirar, al menos, hasta que haya comprado lo que le estás ofreciendo).

- "Por favor, hágame caso".

¿Por qué haría eso? Si tu no es el mejor en su área, nadie se sentirá autorizado a hacerlo. Por esa razón, te invito a ser el mejor y luego exhibir frases como esa.

- "¿Quiere pensarlo? Eh... mire no para meterle prisa sino...".

Eh no. Tú los apuras. Se comprende muy bien que tu intención es sólo y exclusivamente vender. Si tienes prisa, concluirás poco. Mejores frases como "Piénselo, si lo prefiere", que tranquilizan y acercan las distancias entre las partes.

- "Sólo nos quedan dos piezas de regalo y la demanda es alta, así que le aconsejaría que no lo piense demasiado y se lo tome ahora".

**Esta frase es un conjunto de errores primordiales que no se pueden corregir. Una mezcla entre el agarre de los fondos, la urgencia de vender, la falta de empatía y la intrusión. Recomiendo que la prohíbas por completo.**

- "Aproveche, la oferta está ahora, y no sucede todos los días".

Confía en mí, si hay una oferta, la primera en saberlo es el cliente y si lo sabe, y está interesado, viene especialmente para comprar. Si aún no lo ha hecho, habrá una razón, así que no insistas.

**En este momento no estoy interesada puede significar muchas cosas. Probablemente, si hubieras adoptado una actitud diferente, podrías haber mostrado un falso o real significado: ¡pero así no! Así que te repito que, si lo haces, ella seguirá sin estar interesada.**

Además, si estuviera por casualidad interesada pero el problema es que no puede comprarlo (realmente) en ese momento, crearías en él un sentimiento de incomodidad inoportuno; en ese caso, es mejor informar al cliente de la duración de la oferta u otros descuentos, dejándole libre para volver cuando lo considere oportuno.

## 3.7 El vendedor samaritano.

Si hay una **categoría de vendedores que me da urticaria es la del buen samaritano**, Es decir, el que te sigue por todas partes elogiándote como si fueras un Dios griego que desciende a la tierra y que no te abandona ni un momento durante todo el viaje que haces (si puedes hacerlo) dentro de su tienda.

La sonrisa de 360° puedo entenderlo, quien te contrató te invitó expresamente a ser cortés y amable y mientras me saludes, nada que decir. Pero si sigues mirándome, incluso después de saludarme, empiezo a sentir una forma sutil de tensión; una voz empieza a hacerse espacio en mi cabeza ("Otra vez, esta hora me va a estar respirando en la nuca", "Pero que quiere esta...", "Por qué no deja de mirarme...", frases así para empezar).

Y a lo que me refiero no es un episodio esporádico que sucede casualmente. ¡En absoluto! Es lo que pasa la mayoría de las veces si entras en una tienda de ropa, por ejemplo. Todas las experiencias personales, quiero precisar; situaciones que he tenido el placer de experimentar personalmente y que puedo presumir de poder contarte en este libro.

Este es el ejemplo de lo que llamo: **el vendedor samaritano**, sí.

Escucha esto (siempre voy con el ejemplo de un vendedor x contratado en la tienda de ropa).

Para hacerte entender, te cuento cómo puede ser despiadada la persecución que sufre por parte de algunas vendedoras samaritanas. ¡Y subrayo DESPIADADO! Y no conozco ningún otro adjetivo útil que pueda suplir esa identificación.

Despiadado porque no tienen sentimientos, en primer lugar; luego porque me elogian gratuitamente cuando no hay nada que elogiar. Y sé que no hay absolutamente nada que elogiar.

Si tu cabeza de vendedor samaritano sale de debajo de la tienda de mi camerino (ah, ¿qué te atreves a hacer?), como si ni siquiera fueras un Dinosaurio Raptus que sobrevivió a las épocas prehistóricas, (pd= si sigues apareciendo de abajo, me aseguro de enviarte de vuelta a una de esas eras a patadas en el culo. Y también hice la rima), y me dices: "¡OH, PERO ¡QUÉ TE PARECE! ¡Mira qué físico! ¡Este color te queda de Dios! ¡Y luego, qué decir, combina con tu tez clara y con los ojos celestiales!". Aquí estoy yo, como cliente común y mortal potencial, me visto y me voy simplemente por el gusto de molestarte.

¿Y sabes por qué? Porque le haces cumplidos falsos a alguien que entró en tu tienda simplemente por el placer de desvanecerse un poco, después de un día infernal de trabajo duro, y entró allí con el pelo sucio, las gafas pegajosas y la cara de color blanco leche - fantasma.

Y tú tuviste el bárbaro valor de decirle que ese color se correspondía perfectamente con su espléndido encarnado (¿te recuerdo blanco fantasma?), que resaltaba sus ojos (detrás de dos luces de fondo de botella, ¿cómo pudiste verlos tan brillantes o ver el color?).

Pero no ha terminado.

Por no mencionar el hecho de que no me dejaste probarme ese vestido fantástico que tanto quería porque tú, Dinosaurio Raptor, que no eres nada más, saltaste del fondo (precisamente sobresaliendo de tu cabecita de debajo de la cortina) Me dio un susto que ni siquiera podría describir. ¿Moraleja? Me quedé con mis pantalones pelados por la mitad, un zapato sí y uno no, y el vestido fantástico que deseaba tanto metido de costado.

Así que... Querido vendedor o vendedora samaritana, si me estás leyendo, ten piedad del cliente que entra en tus camerinos y déjalos libres de sentirse feos todo lo que quieran. Y no hagas preguntas tontas después de sólo tres segundos y medio, "¿Cómo va?" porque tengo tanto derecho a vivir como tú.

Y sentirme fea si quiero.

## 3.8 El vendedor perseguidor.

Sí, hay muchas categorías de vendedores, este no es el lugar exacto para enumerarlas; pero quiero contarles otro tipo de vendedores que me cuesta entender: **el perseguidor.**

Estamos siempre en una tienda y de ropa (espero que no lo mismo de lo contrario sabes que es la matanza).

Pobrecillos, ellos no tienen la culpa, alguien les ha enseñado que mostrar una atención exagerada hacia el cliente es indispensable porque todo está destinado a la compra (o las amenazaron con despedirlas si no lo hacían, quién sabe, todo puede ser en este mundo de ladrones).

Y así esas almas en pena, **las minas** como me gusta llamarlos, te persiguen y te persiguen, te persiguen y te persiguen, te espían (como ya he dicho) por las grietas de la puerta del camerino y si las grietas no están, Entonces las hacen y vuelven a espiarte. Y aún te siguen.

Probablemente de comunicación, ellos y los empresarios, entienden muy poco de ello; les aconsejaría hojear un libro de Programación Neuro Lingüística aplicada a las ventas, para entender cómo se hace con muchos de sus clientes como yo.

Si yo fuera tu propio (pobre cliente) hoy, después de un ataque como este, lo pensaría dos veces antes de volver a poner un pie en esta bonita tienda y. Y no es tan absurdo, si lo piensas bien, he llegado al punto de decirte esto con cierta convicción.

Porque yo, siempre, que fui perseguida, que tuve que sudar para esconderme entre los pasillos de la tienda y camuflarse de verde estanque (incluso en medio de los estantes de los jerséis de lana de las abuelas), sólo quería echar un vistazo.

Exacto. Lo único que quería hacer en esa tienda era mirarme en el espejo para ver cómo estaba mi pelo (sucio, como en el caso del vendedor samaritano) antes de ir al supermercado y comprar dos paquetes de yogur magro de coco. Sí, me encanta mirarme en tu espejo, ¿y qué?

Y tú, en vez de dejarme estar en paz, me has perseguido, impidiendo que me vea reflejada todo lo que he querido. Y no sé si volveré a verte. Porque siempre estarás ahí. Lista para apuntarme desde lejos y olerme como si fuera una oveja perdida en una manada de lobos.

Pero te fue mal, porque yo entendí tu juego y ya no voy a ir a tu casa.

Y no me importa si te obligaron a perseguir a las pobres ovejas como yo o si simplemente te lo aconsejaron, en mí creaste ansiedad. Y lo recordaré la próxima vez.

Y si quieres saberlo, no soy herbívora. Sé que a ti lector no te importará o que es una tontería, pero tenía ganas de escribirlo.

Toda esta buena historia, querido amigo vendedor futuro número uno, lo hago para recordarte **que lo que digas en frente de cada uno de tus clientes siempre marcará la diferencia. Es una de las verdades indiscutibles en las que se basa la Programación Neuro Lingüística. Por eso deberás esforzarte en reprogramar tu lenguaje, antes que tus patrones mentales, porque mejorando tu actitud verbal y no verbal (tus expresiones), mejorarás la realidad que te rodea.**

Lo más probable es que tú (y yo te lo deseo) te conviertas en un vendedor rico y conocido, un profesional en el verdadero sentido de la palabra, y cuando eso suceda, no recordarás el rostro de todos esos clientes potenciales a los que les has impuesto, con tu modo de actuar, el despiadado escape.

**¡Pero cuidado! No recordarás su rostro, pero ellos siempre recordarán el tuyo.**

Y si por una vez has tratado de engañarlos para que compren algo que ellos no querían, o simplemente no podían comprar, ellos no volverán a ti.

Esta es la única forma de castigo que pueden permitirse por tu estrés. Y confía en mí, esta oportunidad no va a desaparecer por nada del mundo.

**Por lo tanto, aprende a no insistir, aprende de la lectura de este libro como verbos, frases, palabras decir ante tus clientes, aprende qué gestos o comportamientos utilizar; estudia y haz tuya la Programación Neuro Lingüística aplicada a las ventas; leer y leer cuidadosamente pasos de este libro para que cada vez sea más claro y fácil de aplicar en la práctica de su vida laboral y privada.**

**Aprende**, gracias a la Programación Neuro Lingüística, **de tus errores y descubre cómo aplicar el uso correcto de cada palabra en cualquier circunstancia en la que tengas que poner de relieve tu valor**, consciente del hecho de que puede contener un poder increíble en sí mismo y de que de esto no sacarás nada más que una inmensa ventaja.

Te guste o no, tendrás que aprender a comunicarte y a hacerlo lo mejor que puedas.

**Ten siempre presente**, en el momento en que estés a punto de dar tu primer paso hacia el cliente (siempre después de leer este libro), que vale la pena el dicho: **¡hay tiempo y manera! Mantenlo en mente, pero en serio.**

En este libro te indicamos la forma en que podemos influir en el cliente utilizando una elección consciente del lenguaje, **siempre después de haber activado en él reacciones neurológicas específicas.**

Y recuerda que **es imposible no comunicar** (éste es uno de los fundamentos sobre los cuales se funda hoy la Programación Neuro Lingüística en el campo de las ventas); **sé que es difícil identificar las palabras correctas, entendidas en sentido de eficacia, y las que hay que evitar para no dañar tu imagen, pero voy a tratar de ayudarte.**

**Busca ganar tu credibilidad en el mercado como líder que desafía cada día las reglas del negocio.**

Ya has empezado, ahora continúa.

# 4. Las bases de la PNL

"Lo que hago es ayudar a la gente a desarrollar la creencia de que son personas maravillosas, porque cuando empiezan a creerlo, también empiezan a actuar en consecuencia: ahí es cuando empiezan a obtener resultados fantásticos".

(Bandler)

## 4.1 El Corazón de la Programación Neuro Lingüística.

Has llegado a este nuevo mundo de la **PNL** en el que aprenderás a hacer un uso correcto de las palabras y a desarrollar todas tus habilidades lingüísticas y comunicativas para alcanzar todos esos objetivos. De la lectura anterior ya sabes (ahora bien) lo importante que es asumir una actitud positiva para atraer hacia ti lo mejor que deseas tener.

Bandler, uno de los padres fundadores de la Programación Neuro Lingüística, desde sus comienzos en el campo de la medicina experimental sostenía (a gran voz) **la importancia de la propia convicción, de la** propia conciencia, de su propio valor dentro de cada dinámica profesional que aspiraba al cambio (y, por qué no, mejora).

La Convicción de uno mismo (es decir, la capacidad de creer que podemos lograrlo, que podemos alcanzar con éxito todos nuestros objetivos), nos lleva a adoptar actitudes positivas. Y solo con esto podemos obtener resultados.

**De los resultados obtenidos se desprende un elemento muy importante: la credibilidad.** Sin ella no habría cambio que nos llevara al camino del éxito.

Pero quiero volver a la **PNL**, o, mejor dicho, al corazón de la verdadera PNL.

**Una de las bases fundamentales de la Programación Neuro Lingüística** se basa en una gran certeza que es la siguiente: **todas las respuestas negativas que has obtenido (o que en el futuro obtendrás de tus clientes potenciales) no serán más que el resultado de una mala comunicación tuya.**

La Programación Neuro Lingüística reafirma (desde siempre) cuánto el poder de la palabra es inmenso, extraordinario y la importancia de la manera en que, este poder, se gestiona (en primer lugar, de la manera que creemos que es el más oportuno para nosotros).

Es posible, y sobre todo es aconsejable el estudio de las técnicas de la PNL aplicadas a la venta, para aprender el método de comunicación estratégico más adecuado para ti y/o para tu empresa. No todas las estrategias comunicativas son iguales, hay que ser capaz de aplicar siempre (después de haberlas elegido claramente) las mejores en su campo de trabajo.

Algunos de los grandes líderes prefieren aplicar estrategias de marketing basadas en la fuerza viral de las imágenes en lugar de en palabras. Todas las técnicas correctas, oportunas contextualizarlas con el fin de una específica y propio éxito personal/empresarial.

Es necesario, sin embargo, no olvidar nunca (y quiero precisar que esto no lo digo yo, sino que lo enseña a todos la historia) que la fuerza de una imagen es muy inferior a la fuerza propulsora de una palabra.

Pensemos en dos hipótesis:

**(a)** en una nos presentamos ante un posible cliente nuestro llevando en la mano un espléndido catálogo con todos nuestros productos y nuestras míticas/súper ofertas. Orgullosos de nuestro objeto publicitario lo agitamos a los cuatro vientos mostrando una sonrisa resplandeciente, pero, consciente o inconscientemente (sólo tú puedes saber esto) adoptamos una actitud insistente y/o utilizamos palabras inapropiadas que acabarán por crear una incomodidad (no de poca importancia) y mucho, pero mucho bochorno por parte del cliente hacia nosotros y/o de la empresa.

**(b)** En la otra hipótesis suponemos en lugar de tener que entregar un catálogo que no refleja correctamente la belleza gráfica clásica (por decirlo así) pero nosotros, conscientes de esto, empleamos todas nuestras potencialidades lingüísticas para hacer que ese catálogo sin sentido cueste sólo unos pocos fragmentos de una verdadera obra de arte. Ahí es donde aprendemos a venderlo; ahí es donde descubrimos cómo conectarnos con la otra parte que, a un palmo de nuestras narices, nos escucha.

Entre las dos, la mayor probabilidad de éxito se obtendrá después de la segunda modalidad, y no la primera. ¡Atención! Esto no quiere asegurar y certificar el éxito de la segunda en el daño de la primera, simplemente quiero decir que, sin duda, habrá muchas más posibilidades de que esto suceda.

Por supuesto, hablamos del ABC de Marketing y, en particular, de las ventas; **¡es evidente que para afirmarse en el ámbito de nuestra competencia es necesario hacer que converjan ambas hipótesis! Hay que hacer uso de todas las herramientas útiles para** obtener la máxima respuesta del cliente: por lo tanto, excelente material, excelente comportamiento, excelentes capacidades expresivas, excelente producto/servicio.

**EXCELENTE LENGUAJE => EXCELENTE COMPORTAMIENTO => EXCELENTE CONOCIMIENTO => EXCELENTE EMPATÍA => EXCELENTE MATERIAL DEL QUE DISPONGO =>EXCELENCIA DEL PRODUCTO / SERVICIO QUE OFREZCO => CALIDAD', CREDIBILIDAD', GARANTÍA.**

Para ser cada vez más precisos, digamos también que la capacidad de comunicar, **de saber vender** (o vender un servicio, un producto) es indispensable para concretar la venta final en sí misma. Todo se filtra a través de nuestro lenguaje, nuestra actitud, nuestra empatía con respecto a ÉL. Por lo tanto, **aprendemos a prestar siempre una atención extrema tanto a la forma como al momento en que elegimos entrar en relación con cada uno de nuestros clientes potenciales.**

En base a lo que sostiene la Programación Neuro Lingüística el individuo interactúa en su totalidad a través de tres componentes distintos:

- **el lenguaje;**
- **las convicciones;**
- **la fisiología.**

La interacción entre los tres componentes antes citados permitiría al hombre crear sus percepciones (las percepciones de la realidad en la que vive y del mundo que lo rodea) confiriendo, a estas mismas percepciones, determinadas características cualitativas y cuantitativas.

De esta interacción a tres factores derivaría, pues, la interpretación subjetiva del individuo; gracias a esta estructura (lenguaje + convicciones + fisiología) da significado al mundo.

Seguramente te estarás preguntando si es posible modificar esta estructura trivalente, si es posible que las percepciones, a las que dan lugar nuestras interpretaciones de la realidad subjetiva, sean concretamente modificables. La respuesta que nos da directamente la PNL es, a este respecto, absolutamente positiva.

De ahí que: **podemos modificar, en cualquier momento en que lo deseemos, los significados a través de una transformación de la estructura perceptiva (llamada mapa, es decir, el universo simbólico de referencia) a través de esta transformación, cada persona puede emprender cambios de actitud y comportamiento, de lenguaje verbal y no verbal.**

Vayamos al grano, querida PNL, ¿cómo se puede modificar nuestra percepción subjetiva del mundo?

La aplicación de las técnicas apropiadas de cambio y transformación que están en continua evolución - es la respuesta.

En los primeros apartados nos hemos centrado en gran medida en la importancia que tienen para nosotros:

- la **convicción** ("Lo que hago es ayudar a la gente a desarrollar la creencia de que son personas maravillosas, porque cuando empiezan a creerlo, también empiezan a actuar en consecuencia: ahí es cuando empiezan a obtener resultados fantásticos" - Bandler);
- el **optimismo** ("Es importante aprender a aprovechar el gran poder de la mente para hacer realidad nuestros pensamientos, ser optimista es la clave del éxito");
- la **confianza** hacia sí mismo, hacia los demás, hacia el cambio ("Tienes que creer tú primero en tus objetivos y en tus capacidades de lo contrario no éxito, no ventas, no colaboraciones, no realizaciones; nada de nada").

Si he decidido detenerme mucho en estos aspectos es precisamente porque uno de los objetivos principales de la PNL es lograr **desarrollar hábitos/reacciones de éxito amplificando los comportamientos "facilitados" (es decir, eficaces) y disminuyendo los "limitantes" (es decir, indeseables).**

Si emprender el camino del cambio en una primera fase puede resultar difícil, hasta el punto de que parece casi imposible, (¿Recuerdas el ejercicio que te aconsejé realizar desde el primer párrafo? Si aún no lo has hecho, te aconsejaría hacerlo), según lo sugerido por la Programación Neuro Lingüística, **se puede recurrir al principio de la imitación.**

Es decir, los padres fundadores de la PNL, nos enseñaron que **el cambio más profundo puede producirse incluso reproduciendo ("modelando") precisamente los comportamientos de las personas de éxito con el fin de crear un nuevo "estrato" de experiencia (una técnica que puede ser llamada modeling, o modelado).**

**Otras personas instalan constantemente creencias en las que acabamos creyendo. Son las limitaciones que se les han impuesto** - escribía Bandler en un escrito oficial sobre sus hipótesis de trabajo, como le gusta definirlas.

En esta cita de Bandler, que te recuerdo, es uno de los dos padres fundadores de la

Programación Neuro Lingüística, se puede fácilmente remontar (o sintetizar) a los que son los tres componentes que caracterizan esta disciplina: **Programación, Neuro, Lingüística.**

Las analizamos por separado.

- Por **Programación** se entiende la capacidad de influir en las modalidades de comportamiento variables y basadas en la percepción y la experiencia subjetivas e individuales. Mediante el uso de algunas técnicas de la Programación Neuro Lingüística se intervendría sobre una gama predefinida de comportamientos (programas o esquemas), que funcionan de manera inconsciente y automática.
- **Neuro** es el conjunto de los procesos neurológicos individuales del comportamiento humano, basado en cómo el sistema nervioso recibe estímulos de los órganos de sentido y los reelabora como percepciones y representaciones.
- La **Lingüística**, por último, define el sistema con el cual los procesos mentales humanos son codificados, organizados y transformados a través del lenguaje.

La Programación Neuro Lingüística es considerada hoy como **una disciplina capaz de reunir los diversos ámbitos del estudio de la comunicación humana** proponiéndose, ella misma, como un instrumento capaz de influir en múltiples factores, como la educación, el aprendizaje, la negociación, la venta, el liderazgo, el team-building.

Ya se ha aplicado en varios capítulos, incluso en los procesos de toma de decisiones, creativos, en el arte, en el deporte y en el asesoramiento. El papel que desempeña actualmente es muy diferente de sus inicios, como veremos en breve: en Italia comenzó a difundirse a principios de los años ochenta, inicialmente en el sector de la formación en materia de gestión.

**La PNL se propone como una metodología de estudio de la estructura de la experiencia subjetiva** - escribe Robert Dilts. Según el estudioso, en efecto, el objetivo práctico de la Programación Neuro Lingüística ha sido siempre comprender cómo algunas personas consiguen determinados resultados (repito que esto, para la PNL, debería hacerse mediante el análisis, el aprendizaje y el modelado, es decir, la adquisición voluntaria de determinados comportamientos); para llegar a analizar esto **era necesario estudiar la estructura de la experiencia subjetiva más allá de la cual, viceversa, habría sido imposible realizar (en**

los sujetos implicados) cualquier forma de cambio.

La **PNL sigue siendo considerada una pseudociencia**, y los mismos partidarios afirman que **sus aplicaciones no deben tener necesariamente una base científica**, porque los principios fundamentales en torno a los cuales la Programación Neuro Lingüística se estructura son simples **"hipótesis de trabajo, que pueden ser verdaderas o no. El problema no es si son ciertas, sino si son útiles"**. Es extremadamente importante que sean útiles, porque deben conducir a la comprensión de la interpretación subjetiva de la realidad; si no hay comprensión del yo y de lo que es necesario modificar, no puede haber ningún cambio positivo.

**Los análisis de trabajo formulados por la Programación Neuro Lingüística deberían conducir, o al menos ser útiles, a la elaboración de un modelo conductual que debería ser (sucesivamente) replicado por el "paciente" mediante la adquisición de los modelos considerados eficaces.** A los modelos adquiridos (los modelos, por así decirlo, externos del sujeto que interpreta) se unirían luego, durante el recorrido de cambio, aquellos modelos ya en posesión del "paciente", los obtenidos a partir de experiencias anteriores positivas que pertenecen a su pasado.

Para programar mejor tu mente aplicando las técnicas recomendadas por la Programación Neuro Lingüística en primer lugar es importante aprender a conocer el lenguaje secreto de la mente misma. **La mente es nuestra mejor aliada** (véase el párrafo anterior).

Lo hemos escrito varias veces con el acrónimo PNL que literalmente significa Programación Neuro-lingüística. Esta definición, deseada por los dos padres fundadores Richard Bandler y John Grinder (conocidos por ser uno un informático y el otro un lingüista respectivamente), no se puede (por supuesto) considerar al azar.

Me remito a sus definiciones (en el tiempo publicadas) según las cuales **el acrónimo PNL condensa los tres principios esenciales del sistema de la Programación neuro-lingüística:**

- El cerebro ("neuro") debe considerarse programable y reprogramable (de ahí la elección del término "**programación**").
- El cerebro ("neuro") siempre conoce e interpreta la realidad a través del lenguaje (de ahí la elección del término "**lingüística**").
- El cerebro ("neuro") es programable ("programación") a través del lenguaje ("lingüística").

Hasta ahora, he tratado de explicarte cuál es el corazón de todo el sistema de programación neuro-lingüística, a qué principios se refiere (más tarde mencionaremos brevemente el contexto histórico en el que se desarrolló) y por qué es importante, con el fin de llevar a cabo cualquier transformación profesional e individual, con la que se puedan obtener beneficios reales y concretos.

**"Las convicciones determinan las acciones. Las acciones determinan los resultados que obtienes y los resultados determinan las convicciones que creas" - siempre.** Y entonces, si estas creencias son erróneas, en consecuencia, estamos llevados a hacer cosas equivocadas que, a su vez, solo darán resultados invalidantes para nosotros y/o para nuestra empresa, que nos llevarán a la creación de creencias nocivas, etc... Es una gran rueda de la que apenas puedes bajar, como un perro que intenta morderse la cola.

Confiar en el conocimiento de las técnicas de la Programación Neuro Lingüística y aplicarlas al campo de las ventas significa **ser capaz de utilizar los procesos de comunicación del cerebro (más precisamente de la mente - cerebro) para modificarlos, reprogramarlos con el propio lenguaje.**

## 4.2 El cambio es factible.

"La verdadera espiritualidad es darse cuenta de que cuando la alegría es real, la gente a tu alrededor empieza a hacer lo mismo".

(Bandler)

Cuando se hace referencia a la Programación Neuro Lingüística también se hace referencia al concepto de **Mapa** y **Territorio**. Debemos tener en cuenta que a la PNL no le interesan, en particular, los contenidos psíquicos o los motivos psíquicos que impulsan al hombre a adoptar un determinado comportamiento, sino que **afectan a los procesos psíquicos.**

Pongo un ejemplo concreto como sujeto es intérprete de mi realidad.

Saber que he madurado, con el tiempo, una pobre capacidad de mostrar afecto al culpar a mi familia ("Si soy así es sólo porque mi madre nunca me ha hecho un cumplido...", "No sé lo que significa decir te quiero porque a mí nadie me lo ha dicho", etc.), no conducirá a la solución del problema: que es en este caso específico, se trata del problema de la ineptitud.

Ir a la búsqueda de las motivaciones y de las causas que han generado el problema de la ineptitud para resolverlo **partiendo de su raíz, quiere decir interesarse por el motivo psíquico, Y eso no es de lo que trata la programación neurolingüística.**

**A la PNL le interesa el proceso a través del cual yo, sujeto, llego a formular mis hipótesis; el modo a través del cual yo soy capaz de vivir mis experiencias (es decir, la manera en que logro llegar al conocimiento subjetivo del mundo, a su interpretación).**

Supongamos que he desarrollado una conciencia empírica forjada a lo largo de mi vida en base a mi gran inefectividad; en pocas palabras: digamos que mi interpretación del mundo se ha forjado sobre la base de mi ineptitud. Es obvio que si hubiera sido una persona apasionada mi interpretación subjetiva de la realidad habría sido muy diferente.

Bien. Todos estos procesos **a través del cual yo, sujeto, llego a formular mis hipótesis** ocurren a través del lenguaje (Me refiero no sólo al lenguaje racional, sino al más conocido como **lenguaje intrapsíquico:** imágenes, voces, sonidos, sensaciones, llamadas emocionales, etc.).

Tomemos otro ejemplo práctico. Yo soy un vendedor inefectivo, de hecho, absolutamente inefectivo, en la vida privada. Esta condición ha condicionado mi existencia, pero ha creado procesos para los cuales tengo hoy la visión que tengo del mundo. Ahora. No hay nada malo en querer seguir viviendo una vida adaptándose a esta condición de ineptitud.

Pero si yo, en cambio, sufro por esta condición que me lleva a adoptar actitudes (tanto en público como en privado) equivocadas, perjudiciales para mí y para quien está a mi lado ("¿Cómo voy a ser empático con un cliente mío?") Entonces todo lo que puedo hacer es cambiar las cosas.

**Y saber que este cambio es factible.**

**Para transformar mi condición, ¿qué debo hacer? Para reprogramar mi cerebro tengo que empezar a reprogramar mi lenguaje a través del cual me comunico, a mí mismo, mi experiencia del mundo.**

Exacto. Hay que cambiar el lenguaje para hacer un cambio y reprogramar el cerebro. Pensamos. Si hasta ahora, como buen vendedor que era, solía encontrarme con un cliente de x características a las que respondía (groseramente) siempre de la misma manera, (porque mi carácter, mi experiencia de vida me había llevado a ser una persona malhumorada), entonces todo lo que tengo que hacer es empezar a ver esa situación normal desde una perspectiva diferente y comunicármela, usando un lenguaje diferente, un lenguaje apropiado, que me haga justicia.

**Al vivir creo experiencias; el modo en que me las cuento hará la diferencia sustancial de aquí en adelante. Lo mismo vale para ti. Esto es lo que debes memorizar cuidadosamente.**

Puedes deshacerte de tus esquemas mentales más tarde y reprogramar los pequeños paradigmas que has construido (o que te han inculcado), pero primero tienes que **empezar a reprogramar tu lenguaje a través del cual te comunicas, a ti mismo, tu experiencia del mundo.**

No existe una realidad objetiva; es imposible que puedas encontrar una realidad neutral en el exterior. Es sólo dentro de nosotros que se forman nuestras ideas, que cobran vida nuestras interpretaciones y nuestra experiencia está impregnada, filtrada, por este continuo movimiento de realidad subjetiva que se agita en nosotros.

Cada día nos comunicamos o, mejor dicho, tendemos a explicarnos nuestra percepción de la realidad; mi experiencia es siempre una interpretación. **Ahora que lo sé, puedo intervenir. Puedo cambiar el lenguaje con el que solía comunicar mi realidad, para mejorar, para convertirme en lo que siempre** quise ser, para contarme lo que realmente quiero contarme.

Así que, al hacerlo, vamos a empezar a tender hacia la **(Rl -) Programación Neuro Lingüística.**

Después de estas interesantes explicaciones podría surgir una duda entonces, que te impulsará a formular preguntas como las siguientes: así como la experiencia de la realidad es siempre subjetiva, En este punto, ¿el lenguaje que utilizo para experimentar la realidad no debería ser también subjetivo? ¿No debería cambiar de individuo a individuo?

Y otra vez... si cada uno utiliza su propio lenguaje, ¿cómo se pueden establecer criterios que sean válidos para todos? Estos que llamamos mapas, ¿son universales?

Según el resultado del trabajo realizado por los dos padres fundadores de la PNL, Bandler y Grinder, sabemos que **sí, todos nos comunicamos de la misma manera,** es decir, todos nos comunicamos utilizando el mismo lenguaje, las mismas estructuras lingüísticas.

Pero **la Programación Neuro Lingüística se ocupa constantemente de desarrollar (y afinar con método) la comprensión de todos los esquemas lingüísticos a través de los cuales no sólo nos comunicamos, Pero**

**comprendemos y experimentamos la realidad.**

Saber utilizar la PNL (en este caso en el campo de las ventas) y ser consciente de sus técnicas, significa conocer estos esquemas lingüísticos y saber aplicarlos cuotidianamente, ante cada situación profesional y no profesional.

¿Qué te ofrece la Programación Neuro Lingüística que otras disciplinas no pueden ofrecerte? **Te da la oportunidad, real, de reprogramar tu mente para vivir mejor.**

## 4.3 Breve referencia histórica al nacimiento de la PNL.

"No perdamos de vista los factores más importantes para el éxito: compromiso, pasión para marcar la diferencia, visión para anticipar los cambios y coraje para mover las cosas".

(Larraine Matusak)

Ahora que has llegado a conocer con más detalle los tres principios de la Programación Neuro Lingüística, que son el centro alrededor del cual se encuentra todo el sistema, puedes empezar a reprogramar con éxito tu cerebro, tu mente y tu vida profesional.

Has aprendido que:

- **El cambio es factible, real y concreto.**
- **La PNL te ofrece la oportunidad, real, de reprogramar tu mente para vivir mejor.**
- **Para reprogramar mi cerebro tengo que empezar a reprogramar mi lenguaje a través del cual me comunico, a mí mismo, mi experiencia del mundo.**
- **A la PNL le interesa el proceso a través del cual yo, sujeto, llego a formular mis hipótesis; el modo a través del cual yo soy capaz de vivir mis experiencias (es decir, la manera en que logro llegar al conocimiento subjetivo del mundo, a su interpretación.**
- **Que yo puedo intervenir. Puedo cambiar el lenguaje con el que solía comunicarme mi realidad, para mejorar, para convertirme en lo que siempre quise ser, para contarme lo que realmente quiero contarme.**

La Programación Neuro Lingüística es el resultado de una idea que se ha desarrollado a partir del encuentro de dos mentes brillantes

(John Grinder y Richard Bandler) y destinada a germinar, a lo largo de los años, porque ha encontrado cada vez más terreno fértil en el que arraigarse.

Hoy la PNL continúa produciendo sus frutos y nos pone a disposición todos aquellos instrumentos útiles para la reprogramación de la propia mente, para transformar en mejor la vida, en cualquier momento que se lo desee.

Siempre hay tiempo, si realmente se quiere, para aprender a aplicar las estrategias comunicativas de la PNL, lo importante es la conciencia de poder cambiar (como hemos repetido varias veces): **nosotros podemos cambiar.**

Es obvio que la calidad del resultado dependerá de tu habilidad. Hacer que ocurra el cambio es una operación que ciertamente requiere tiempo; de hecho, cuanto más te conozcas (cuanto más conoces tus virtudes y tus defectos), más profundizas (aprendes a entender lo que está mal en tu manera de tratar con el cliente, lo que está mal en tu forma de comunicarse, analizas las actitudes desfavorables para ti y para tu carrera) y usas las herramientas de la PNL, cuanto más habilidoso seas, te convertirás en un profesional.

Para los más curiosos, ahora inserto un pequeño acento histórico inherente al momento en que nació la Programación Neuro Lingüística. Tómelo como una lectura de simple y opcional profundización, nada más. Si no estás interesado, salta también y ve más allá.

Era el año 1970 cuando el entonces graduado de la Universidad de Santa Cruz, California, Richard Bandler, y uno de los profesores de esa misma universidad, John Grinder, decidieron de común acuerdo comenzar a estudiar las características de la comunicación que, en aquellos años, era utilizada por algunos de los psicoterapeutas más conocidos del tiempo que, dominaban el interior panorama médico.

Los dos eran fuertemente atraídos por un tipo específico de comunicación, la que fuera capaz de producir verdaderos cambios en el individuo contribuyendo a aportarle, también, notables curaciones. Richard Bandler Y John Grinder tenían, pues, como **objetivo una comunicación que resolviera de manera eficaz y con una cierta continuidad, como los dos afirmaban públicamente.**

Basado en su encuentro fortuito, sus conjeturas y sus hipótesis de trabajo, los dos dieron vida a la **Programación Neuro Lingüística, definiéndola como un método de comunicación extremadamente eficaz y orientado a una mejora concreta de la propia vida personal; un sistema de coaching life,**

**self - help y asesoramiento entendido por los dos padres fundadores como un enfoque de la comunicación, el desarrollo personal y la psicoterapia.**

Durante su continua investigación, Bandler y Grinder empezaron a observar, en particular, el modus operandi de tres grandes terapeutas. Conocían y frecuentaban, en primer lugar, Fritz Perls (terapeuta Gestalt) en el Centro de Esalen, California.

Después de analizar el método de trabajo de **Perls**, los dos comenzaban a acercarse al método de comunicación promovido por Virginia **Satir**, médico mujer, capaz y muy preparada en la terapia familiar.

Los dos eran seguramente más atraídos por el modelo de la Satir, cuya gran capacidad de empatía apreciaban, que el de Perls; así, el peculiar estilo terapéutico de la Satir llevaba, tanto Grinder como Bandler, a prestar una gran atención al lenguaje que ha utilizado durante sus sesiones de trabajo y del que, posteriormente, muchos de sus modelos lingüísticos llegaban a referirse.

En el mismo período, el antropólogo Gregory Bateson aconsejó a Bandler, que era un gran amigo suyo, que analizara también el trabajo de Milton H. **Erickson**, un médico muy famoso en aquel momento; Erikson era conocido por ser uno de los mayores expertos en hipnosis clínica.

También del encuentro con Erickson se extrajeron modelos de comunicación de extraordinaria eficacia que, de un momento a otro, Grinder y Bandler comenzaban a proponer de nuevo en psicoterapia.

De la imitación (o modelado) de estos tres grandes terapeutas: Perls, Satir y Erikson, Grinder y Bandler llegaban a la publicación de dos libros muy importantes que marcaban, así, sus respectivas carreras: "La estructura de la Magia" y "Los modelos de la técnica hipnótica de Milton H. Erickson" (publicado en Italia por Astrolabio).

A finales de los años 70, un alumno (particularmente brillante) de Bandler, Robert Dilts, con la colaboración del maestro, comenzaba a desarrollar algunas técnicas útiles para mejorar la teoría sobre la Programación Neuro Lingüística.

Dilts es conocido hoy como el primero en acercarse a la Programación Neuro Lingüística de manera científica, comenzando a desarrollarla y avanzando siempre en esta dirección. Todavía hoy son muy conocidos los trabajos de Dilts sobre investigación y desarrollo en relación con la PNL, que van desde las aplicaciones empresariales hasta el tratamiento de enfermedades consideradas incurables.

Después de la primera década la difusión de la Programación Neuro Lingüística crecía considerablemente gracias a la ulterior publicación de tres libros importantísimos (ed. italiana: Astrolabio): "La Metamorfosis Terapéutica", "Hipnosis y Transformación", "La Reestructuración".

Numerosos investigadores se unían a los estudios de Grinder y Bandler y contribuían aportando información adicional o presentando hipótesis de trabajo nuevas; y su ayuda era, en aquel momento, más que considerable. Entre estos investigadores citamos a Leslie Cameron Bandler, David Gordon (conocido autor del libro "Metáforas terapéuticas"), Stephen Gilligan.

A mediados de los años 80, un joven prometedor Anthony Robbins asistió a los cursos de Programación Neuro Lingüística de Bandler y Grinder, ya que había captado la gran importancia y la extraordinaria metódica. A la edad de sólo 24 años, Robbins escribió el libro "Cómo obtener lo mejor de sí mismo y de los demás" (editado en Italia por Bompiani) que se convirtió, más tarde, en un best seller mundial. "Cómo obtener lo mejor de sí mismo y de los demás" fue un libro que ayudó a difundir la

Programación Neuro Lingüística y a hacerla accesible a todos.

Además de la publicación del libro, Robbins divulgaba la P.N.L. impartiendo cursos (cada vez más numerosos) frecuentados por miles de personas de todo el mundo. Al mismo tiempo, Richard Bandler se convirtió de repente en el punto de referencia (a escala mundial) de los cursos de especialización en Programación Neuro Lingüística, cada vez más accesibles al público.

A partir de un cierto momento, John Grinder se retiraba de su carrera académica con el objetivo de dedicarse principalmente a la formación en las grandes empresas. Poco tiempo después, Dilts se trasladaba a la Universidad de Santa Cruz; los Andreas se mudaban a Colorado.

Tad James fue uno de los últimos estudiantes de Bandler que había publicado la descripción de algunas técnicas interesantes en un libro titulado "Time Line" (Ed. Astrolabio); poco después, se separaba de Bandler para mudarse y trabajar en Hawái.

Actualmente la investigación continua en el campo de la Programación Neuro Lingüística gracias al trabajo de Bandler, de Grinder, de Dilts y de tantos entrenadores que continúan, hoy, registrando un notable éxito.

Richard Bandler continúa su trabajo con John La Valle, un extraordinario formador y consultor especializado en las aplicaciones más avanzadas de la PNL al negocio y a la persuasión, (co-autor, con Bandler, del libro Persuasion Engineering, ed. Nlp Italy).

Bandler continúa su trabajo y recientemente, desarrollando los estudios sobre las submodalidades, ha creado las técnicas denominadas DHE (Design Human Engineering). Junto con el amigo compositor Denver Clay ha grabado una serie de Cds que son el resultado de la combinación de modelos lingüísticos con música y sonidos, llamada Neuro-Sonics.

Hace poco, Bandler presentó su último trabajo titulado NHR (Neuro Hypnotic Repatterning) es decir, un conjunto de metodologías basadas principalmente en el uso de sofisticados modelos lingüísticos para inducir rápidamente el cambio en el individuo.

Como hemos visto, las aplicaciones de la Programación Neuro Lingüística se amplían cada vez más o se mueven, velozmente, hacia nuevos campos (de la psicoterapia a la comunicación eficaz, del aprendizaje rápido a la venta y al negocio, de la comunicación pública al liderazgo, del rendimiento deportivo al bienestar psicofísico hasta el campo de la salud).

Podemos concluir este párrafo confirmando que la PNL basada en el principio del "modelado" (de imitación) de personas extraordinarias es sin duda, hoy en día, la ciencia más vanguardista que existe, ya que **ofrece modelos, estrategias, recursos y técnicas que puedan ser utilizados por cualquier persona (y subrayo a cualquier persona) que desee mejorar (realmente) su vida.**

## 4.4 Bandler, un poco de entrenamiento de vida no estropea.

"Hoy tomas una decisión que siempre has pospuesto, y mañana haces lo mismo. Aflojarás el músculo que te ayudará a cambiar toda tu vida".

(Alfred A. Montpart)

He leído algunos de los libros de Richard Bandler en los últimos años.

Para ser sinceros, además de haberlos leído, también los he estudiado, en el sentido de haber hecho posible memorizar las que eran, en mi opinión, las frases motivacionales más significativas.

Con el tiempo se sabe, la memoria vacila, no podría citarlas aquí sin antes retomarlas en la mano; pero estoy segura que los conceptos, ah sí, los, podría repetírtelos en el instante.

Recuerdo acercarme a Bendler porque, en un momento importante de mi vida, se me había manifestado la necesidad de cambiar. Probé con la meditación, con el yoga, con el psicoanálisis, con la actividad deportiva; me ocurrió también hacer una mezcla entre las cosas, en algunos casos.

El resultado fue un complejo conjunto de intersecciones entre ellas. En resumen, una gran confusión, pensándolo ahora. Trataba de recuperar, de todas las maneras posibles, la confianza en mí misma, la positividad, el valor que me llevaría a cambiar, a dejar ir para "convertirse" e ir "más allá".

Sabía muy bien que muchas de las actitudes que tomaba y de las formas de hablar con las que me enfrentaba a la otra persona eran fruto de lo que me había convencido de ser, hasta ese momento. Yo había construido mi realidad a través de la filtración, constantemente, con mis interpretaciones subjetivas. Me hacía daño, (dicho claramente y en palabras sencillas), sola porque estaba convencida de que esa manera de hablar, de relacionarme, de hacer (según lo que era mi historia) era la única manera de la que era capaz. Y estaba muy equivocada. Si hubiera sabido que si hubiera reprogramado mi mente, y antes incluso mi lenguaje, habría vuelto a la vida, probablemente nunca lo habría creído.

Me hablaron de reprogramación mental, lenguaje, paradigmas, específicamente de Programación Neuro Lingüística, y allí me secuestraron. Me acerqué, así y por estas razones, a la PNL de forma más que consciente, e intenté el cambio.

No es que haya sido un proceso fácil, de hecho. **Pero es necesario. Y esta necesidad me permitió llevar a cabo un proceso real, concreto, factible para mí (así como podría serlo para cualquier otro). Sólo tienes que estar dispuesto a jugar y lidiar contigo mismo, y confía en que esta es sin duda la parte más difícil.**

He optado por insertar dentro de este libro algunas de las frases más bellas de Bandler y que más me impresionaron esperando que tengan el mismo efecto sobre ti que estás leyendo en este momento; sus frases y aforismos sobre mapas mentales y reprogramación mental, lingüística desde un punto de vista mucho más humano, el punto de vista de Bandler.

Si las lees con la atención que merecen, sabrán guiarte en el camino profesional y decidirás emprender.

He reiterado en varias ocasiones la importancia del papel de Bandler (desde el punto de vista de la Programación Neuro Lingüística) y la resonancia de sus escritos dentro del panorama del Marketing aplicado a las ventas.

¿Quién es Richard Bandley?

Richard Wayne Bandler nace el 24 de febrero de 1950 (Jersey City).

Es un psicólogo, un ensayista, un lingüista, un consejero y un entrenador de vida estadounidense de los mejores del mundo. Dedicó su vida entera a la enseñanza y a la no ficción. **Gran parte del trabajo de Bandler en PNL se refiere a las aplicaciones de los submodos, es decir, sutiles distinciones que existen en las experiencias sensoriales personales y sus representaciones internas.**

Su pasado como músico y su interés por el impacto neurológico del sonido le han llevado a desarrollar el área de la neuro sónica, una disciplina que utiliza la música y el sonido para crear estados internos específicos.

Hoy, entre sus libros más conocidos encontramos: "Usar el cerebro para cambiar", "Guía para el experto a la submodalidad", "PNL es libertad", "Vive la vida que deseas con la PNL", "El poder del inconsciente y de la PNL".

## 4.5 Aforismos de Bandler, y mucho más...

"Necesitas la objetividad que te permite olvidar todo lo que has oído antes para llevar a cabo un estudio exactamente como lo haría un científico".

(Steve Wozniak)

Hemos entrado en el corazón de la **programación neurolingüística aplicada a las ventas.**

Hemos comprendido a fondo su significado y ha sido necesario dar un paso atrás señalando algún elemento histórico - cultural en referencia al contexto en el que se originó la PNL.

**Hemos dicho que existe una ley de atracción que se origina en la propia fuerza mental,** la misma que nos permite atraer hacia nosotros todo lo que deseamos, si nos creemos realmente.

Pero también hemos especificado que, para hacerlo, no es suficiente creer; necesitamos algunas herramientas para alcanzar nuestros objetivos y, para no perderse en el océano de esta búsqueda, necesitamos necesariamente un método que nos muestre el camino correcto.

Sólo nos corresponde a nosotros decidir si vamos por el bien y el mal.

El camino del bien, en este caso, nos indica el comportamiento correcto a asumir en presencia de nuestros clientes, las palabras correctas a usar, la capacidad que tenemos de aprovechar el momento en base a la predisposición que somos capaces de percibir del otro.

He aquí, el camino del bien nos permite obtener **exactamente esto: la capacidad de anticipar el deseo de quien nos escucha, de comprender lo que realmente quiere** (preguntarse si nuestro servicio es eficaz para él, si podemos satisfacerlo, si es nosotros que está buscando realmente).

Una vez que todas las respuestas sean afirmativas, entonces de la idea, que anticipa nuestro proceso de cambio, pasaremos a la acción centrándonos en la esfera lingüística y conductual.

Hemos visto cómo equivocar una sola palabra o adoptar una actitud equivocada es perjudicial para nuestra profesión. Cuando un vendedor se pregunta el porqué de sus numerosas ventas perdidas, realiza dos actitudes posibles:

**a)** O se desquita haciendo suposiciones incorrectas, y se deja llevar por infinitas sierras mentales, ("no los entiendo, les ofrezco un servicio excelente, ¿y qué hacen? ¡TIENEN QUE PENSARLO! ¡Tienen que pensarlo! ¿Pero pensar en qué?" "NO TIENEN TIEMPO, QUIEREN, PERO NO ES EL MOMENTO ¡CORRECTO! ¿Pero en qué deben pensar? ¡Yo lo habría comprado!, ¡Habría puesto confianza en uno como yo!" y otras frases similares.);

**b)** O se pasa una mano sobre la conciencia, y actúa, pero actúa seriamente.

Como enseña la Programación Neuro Lingüística, nunca se debe alejar del problema principal que, en este caso, es simple: **si un vendedor no ha vendido es porque no he sabido hacerlo (en primer lugar) En segundo lugar, porque no se centró en su objetivo específico.**

**Siempre tiene que saber a quién dirigirse, tiene que saber dónde hacerlo, tiene que saber cómo y tiene que saber cuándo hacerlo.**

Recordemos siempre que:

- **Cada palabra que decimos tiene un efecto positivo o negativo, en ambos casos tiene consecuencias.**

- **Cada gesto que mostramos produce un efecto positivo o negativo, en ambos casos tiene consecuencias.**

Llegamos al punto central de nuestro discurso:

- **Debemos recordar siempre que tanto la comunicación verbal (la palabra) como la comunicación no verbal (los gestos, las expresiones) producen un efecto positivo o negativo, en el bien y en el mal; y que cada cliente no es nosotros y nosotros no somos ellos. Cada uno vive su propia realidad personal hecha de deseos subjetivos, ambiciones subjetivas, necesidades subjetivas, expectativas subjetivas que quedan circunscritas a la esfera del yo.**

Una vez que el cambio haya ocurrido en ti, sólo tú tendrás que entender la manera correcta de relacionarte con el cliente para que tus palabras tengan el efecto deseado, en este caso estamos hablando de una compra.

¡Sólo podrás prestar tu servicio o producto único en el momento en que tus palabras lo hayan hecho tal; y no serán las mismas que pronunciarás con todos! ¡No! Tendrás que ser capaz de modificarlas, adaptarlas, dependiendo de a quién te enfrentes. **Lo queramos o no, esta es la única realidad con la que el vendedor tiene que lidiar.**

=> **Obtenemos en base a lo que damos.**

Si quieres volar, debes saberlo. Y debes aceptarlo.

Si ya lo has aceptado puedes continuar en tu camino de crecimiento para emerger como un verdadero profesional de la industria. La Programación Neuro Lingüística aplicada al campo de las ventas te permitirá, gradualmente, comprender cuál será el mejor enfoque lingüístico a utilizar frente a lo que es hoy una realidad laboral cada vez más segmentada, cada vez más individualizada, cada vez más privatizada.

**Llevar hacia sí el objeto deseado es difícil, lo sé, y ciertamente no es una secuencia de actos improvisados y/o aleatorios; y definitivamente no es un juego de niños. Para ello es necesario un método (por lo demás, como en todas las cosas).**

**Por eso estás leyendo este libro ahora.**

El Oxford English Dictionary describe la PNL como: un modelo de comunicación interpersonal que se ocupa principalmente de la relación entre los esquemas de comportamiento de éxito y las experiencias subjetivas (en particular los esquemas de pensamiento) que están en la base.

La PNL actúa, (siempre en referencia a la descripción dada por el Oxford English Dictionary), como un sistema de terapia alternativa basado en esto que trata de educar a las personas en la autoconciencia y la comunicación eficaz, y a cambiar sus patrones de comportamiento mental y emocional. El objetivo principal que condujo al nacimiento de la Programación Neuro Lingüística era inventar una metodología capaz de **identificar formas de ayudar a las personas a tener vidas mejores, más completas y más ricas.**

**Por eso estás eligiendo PNL.**

Durante una conferencia pública, sobre el acrónimo PNL, Bandler explica que:

"El término PNL alude a una unión existente entre la mente y sus procesos neurológicos (neuro), el lenguaje (lingüístico) y los patrones de comportamiento que se han aprendido con la experiencia (programación)".

**Por lo tanto, según Bandler, estos esquemas no sólo se pueden organizar, sino que pueden permitir, a cualquiera que lo quisiera para su vida, el pleno logro de cada objetivo.**

¿Por qué creer, entonces, en la fuerza de la Programación Neuro Lingüística entendida como un sistema de terapia alternativa basado en esto que trata de educar a las personas a la autoconciencia y a la comunicación eficaz, y no a otras terapias? ¿Qué más puede el PNL comparado con las demás?

La respuesta siempre nos la da Bandler (según sus declaraciones públicas): **"La Programación Neuro Lingüística, en comparación con todas las demás disciplinas, parte de la premisa de que los seres humanos eran (y son) literalmente programables".**

**Si todos pueden ser literalmente programables, todos pueden tener éxito en el cambio real. No hay excusa.**

«Cuando empecé a usar el término programación, la gente se enfadó mucho. Dijeron cosas como: "Están diciendo que somos como las máquinas. Somos seres humanos, no robots" - explica Bandler, «Lo que estaba diciendo realmente era justo lo contrario. Somos la única máquina que puede programarse. Somos auto-programables, señor. Podemos establecer programas diseñados deliberadamente y automatizados que funcionen por sí mismos para tareas aburridas de la tierra, liberando así nuestras mentes para hacer otras cosas más interesantes y creativas.»

Algunas personas realmente se enojaron - dice Bandler, no entendieron la importancia de la Programación Neuro Lingüística. Se convencieron de que su enfoque hacia las personas era ofensivo.

Alrededor de los años 70, cuando se empezó a hablar seriamente de Programación Neuro Lingüística, no fue fácil allanar el terreno; las creencias y los dogmas luego, (como todos sabemos), ¡son las "cosas! más difíciles de desmontar o, mejor dicho, de reprogramar. Nadie creía en las palabras de Bandler; nadie creía que fuera realmente posible una reprogramación de su propio lenguaje, de su propia mente y que tal reprogramación llevara a una mejora (notable) de su existencia si no, incluso, en un vuelco de esto.

Sin embargo, Bandler no se rindió. Durante cada conferencia, dondequiera que asistiera no perdía la ocasión de reafirmar el concepto en el que había fundado la Programación Neuro Lingüística; "podemos liberar nuestras mentes - decía - para hacer otras cosas más interesantes y creativas.

Podemos programar programas diseñados y automatizados que funcionen por sí mismos para tareas aburridas de la tierra".

**Liberar la mente y apuntar a la creatividad** - esto era importante, según Bandler. En uno de sus libros él escribe que:

"El pensamiento de la Programación Neuro Lingüística se basa en el principio según el cual cada individuo es capaz de crear su propia percepción del mundo, y esta percepción nace de la interacción de sus gestos, de sus pensamientos y sus palabras. Pero la visión del mundo (lo que yo llamo el mapa mental) puede ser modificada en cualquier momento para poder potenciar (y mejorar) tanto sus prestaciones laborales como sus percepciones laborales".

En este punto, reflexionando sobre lo dicho hasta ahora, comprendemos la importancia que puede tener para nosotros el acercarse al mundo de la Reprogramación Neuro Lingüística si queremos que realmente nuestra vida cambie.

¿Por qué? **Porque la mayoría de las veces no somos absolutamente conscientes de que somos (nosotros mismos) los únicos que obstaculizan nuestro crecimiento; no nos damos cuenta de que somos nosotros los que nos imponemos límites y, al continuar así, nos creamos problemas, a veces inexistentes.**

**Saboteamos nuestras vidas, inconscientemente o conscientemente.**

**Somos los únicos saboteadores de nuestras vidas.**

Digamos que lo hacemos con plena conciencia, que realmente nos damos cuenta del daño que nos hacemos, pero que no decidimos hacer nada para mejorar nuestra situación. Imaginemos: sabemos nuestros límites, los reconocemos en las circunstancias de la vida cotidiana, (a veces los odiamos también), pero seguimos cometiendo siempre los mismos errores. ¿Por qué lo hacemos? ¿Por qué somos masoquistas? Tal vez es así.

**Cuando nos damos cuenta de que no aprovechamos la forma en que nos ponemos y el lenguaje que usamos y no actuamos para hacer un cambio real en nuestras vidas, entonces somos verdaderos masoquistas y no tenemos amor por nuestra persona.**

**Reconocer la necesidad de realizar una transformación para mejor en la vida es la expresión más grande de amor que podemos manifestar hacia nosotros mismos.**

Se me ocurre una frase que quiero compartir contigo, que creo que puede hacerte pensar: **"Ni siquiera tu peor enemigo puede hacerte más daño del que pueden hacer tus pensamientos" - Buda.**

Es exactamente lo que es. Pero, por desgracia, para entenderlo, primero tenemos que hacernos daño, caer y aprender sobre nuestra propia piel lo que es recibir un golpe en la cara. Y luego (tal vez) se cambia.

Por desgracia, en todo esto hay una gran verdad y es que del dolor causado por el error no se escapa, usted se ve obligado a pasar inevitablemente a través de esto para mejorar (También puede ser que tú, que estás leyendo, estás en tus comienzos y que has optado por comprar este libro simplemente porque desea aprender antes de empezar su profesión en serio. En este caso, tú has sido el más listo de todos nosotros, porque has comprendido, antes que yo en primer lugar, cómo se hace en la vida).

Cuántas veces, a lo largo de nuestra vida, nos hemos culpado por los errores cometidos: un contrato de trabajo cancelado, una relación interrumpida a raíz de muchas incomprensiones o, por qué no, una discusión común y banalísima. Y sí, en muchas situaciones nos hemos culpabilizado, porque la verdad es que cada persona tiende (en retrospectiva) a repensar (en enésima potencia) lo que podría haber dicho o hacer en un contexto determinado y que, en cambio, por inconsciencia/ inexperiencia/ y así sucesivamente, no dijo o hecho.

¡Un disparo y nos vamos!! Vamos a las sierras mentales: "¿Cómo he podido responder así?"

"¿Cómo he podido no convencerlo? ¡Estaba a punto de cerrar ese contrato! No debería haber dicho lo que dije...", "¡Es mi culpa que ahora esté en esta situación!" "¿Por qué estoy haciendo esto? ¿Por qué tengo que hacerme daño innecesariamente? ¡Debería aprender a quererme! ¡Quizás sepas cómo comportarte! Todo lo que puedo hacer es dañarme", "Si sólo usara la racionalidad, si pudiera controlar la fuerza de mis pensamientos", "Si tan solo fuera diferente".

### "Si tan solo fuera diferente"

Esta frase, en su simplicidad, es la razón más común que empuja a cualquier persona a acercarse a la Programación Neuro Lingüística (al igual que me pasó a mí): se llega allí para cambiar, para mejorar, para estar libres de los esquemas que se nos han construido (los cositos paradigmas) que nos llevan a cometer siempre los mismos errores (en hablar, en ponerse, en actuar, en comunicar, etc....).

Recuerde siempre que **si no podemos ser lo que queremos ser es sólo porque (muchas veces) el peor enemigo de nosotros mismos somos nosotros. Para ti, que lees, hagamos que esto no vuelva a suceder.**

**Nosotros PODEMOS** (si **QUEREMOS**) hacer cambios profundos en nuestra vida y lograr el éxito que creemos merecer sólo **en el momento**

**mismo en que adquirimos la conciencia de querer hacer un cambio real, Y para hacerlo, tenemos que aplicar un método.**

No podemos improvisar, fracasaríamos sin importar nada. Pero podemos aprender gracias a la PNL cómo aplicar técnicas específicas que nos enseñan a modificar todos los comportamientos que nos dañan para desarrollar, en cambio, reacciones de éxito.

Entiendes que (y lo reescribo para que puedas memorizarlo mejor):

**Tienes que ir más allá de tus propios límites, conectar con quien te escucha (en este caso, tu propio objetivo) de puntillas, meterte en su mente para no salir de ella. Con todas las precauciones, por supuesto.**

**Si estás aquí es porque quieres y tienes que aprender cómo hacerlo.**

No más palabras equivocadas y fuera de lugar.

No más gestos/comportamientos desagradables e incapacitantes.

Estás dispuesto a aprender qué decir y cuándo decirlo, qué hacer y cuándo hacerlo, porque la Programación Neuro Lingüística (como se ha repetido varias veces) no acepta que **una afirmación: no es el cliente el que no ha** comprendido, eres tú el que no se ha explicado bien.

**Tienes que saber las palabras que están dentro de ese conjunto finito del que puedes sacar para poder mejorar (nada más "si yo fuera ella", "confíe en mí", "no lo pienses mucho", y así sucesivamente).**

**Es necesario estar siempre preparado, amigo mío, es un método invencible para no perder, para equivocarse lo menos posible, para reducir las probabilidades de riesgo.**

¡No te preocupes si estás ansiosa y confundida en este momento! ¡Está bien! Sé que te estarás preguntando cómo vas a aprender todas estas técnicas sobre el lenguaje correcto a usar y el comportamiento correcto a tener con tus clientes, en un lapso de tiempo que no tiende a + infinito.

**Puedo asegurarte que una vez que aprenda el ABC de la Programación Neuro Lingüística, todo empezará a girar en sentido contrario y favorable.** Si a partir de mañana empiezas a concentrarte, y empiezas a eliminar de tu vocabulario esas frases cortas incómodas (que te he citado en los párrafos anteriores; si no las recuerdas te invitaría a releerlas) confía en que ya algo, en tu trabajo, cambiará.

Y luego, por supuesto, tendrás que seguir estudiando las palabras correctas que se aplican a tu departamento de ventas; estudia aprendiendo de los libros y aprendas de tu experiencia diaria, te preocupas por dedicarte a una actualización continua realizando cursos de formación; sigue las conferencias que tengan que ver con la Programación Neuro Lingüística, informate sobre las nuevas hipótesis de trabajo.

Lo que te puedo aconsejar es esto: **Nunca debes parar, siempre tienes que encontrar la manera de permanecer en la pieza. Verás que montar la ola no te será difícil, el problema será luego quedarse (con ambos pies) a flote. Pon siempre la cabeza.**

Supongamos que terminas de leer este libro (espero que en un abrir y cerrar de ojos) y que, a partir de mañana, decides aplicar estos pequeños consejos que te he dado hasta ahora; Supongamos que la primera semana de trabajo no va como esperabas.

Yo te gritaría, en ese momento, para que reflexiones sobre la posibilidad de seguir persiguiendo tu modelo. Muchos lo hacen, al menos en una primera etapa y, como ya se ha escrito varias veces, en esto tienes el pleno apoyo de la Programación Neuro Lingüística.

Es normal que inmediatamente el acercamiento al cambio te resulte difícil, llevará algún tiempo antes de tener éxito en este largo proceso de transformación, ("demasiado para saber, demasiado para mejorar, demasiado para razonar sobre nosotros mismos y nuestras actitudes, demasiado para entender..."). Entonces sigue, antes de comenzar, este (ya citado varias veces) consejo que te da directamente la Programación Neuro Lingüística: **el corazón de la PNL es, precisamente, el modeling.**

**Elige tu modelo ahora.**

**Pero no dejes esta búsqueda para mañana.**

**Es importante que lo encuentres y que lo sientas como tú, como tus deseos de crecimiento; es importante que seas capaz de reflejar en él tus objetivos de vida.**

También interrumpes la lectura si lo prefieres, no me ofendo, lo importante es que te detengas ahora, en este preciso momento, y que identifiques a tu personaje, el que para ti representa el máximo de la genialidad, lo que para ti es la representación suprema de lo que esperas ser (en todo y para todo) en la vida. Observa sus movimientos, su gestualidad, su modo de hablar; compra (se ha escrito) sus libros o síguelos en los Social Media estudiando su enfoque comportamental, tanto en la vida privada como en la laboral; Imagina que eres él y actúa como él.

Pero ¿por qué es tan importante elegir un modelo de éxito al que hacer referencia tanto al comienzo de nuestra formación como durante?

**Es importante porque te permitirá, desde el principio, apuntar a algo concreto y no a un ideal abstracto; te permitirá codiciar lo que esta persona común ha logrado, mientras tú aún lo estás imaginando. Así que en él puedes encontrar un punto de referencia que te incite a creer y que te lleve a decir: "Puedo hacerlo como él lo hizo antes que yo".**

El Modelado o Modeling se ha considerado (precisamente por esta razón) **la verdadera raíz de la Programación Neuro Lingüística: modelar estrategias de pensamientos y comportamientos de personas de "éxito" para obtener resultados en la vida.**

El concepto subyacente es este: modelar cómo piensan las personas que son excelentes para nosotros, y luego hacer suyos esos patrones de pensamiento, observando a otros que ya han alcanzado y viven los resultados que nos gustaría obtener, **estimulando constantemente nuestra mente hacia una dirección que pueda favorecer la consecución de los objetivos profesionales.**

Según las declaraciones de Bandler sobre el modelado, según la PNL - "modelar" significa aprender de manera directa o indirecta comportamientos, actitudes y patrones de pensamiento de los demás. Significa copiar la estructura, la actitud, los pensamientos, las creencias, las preguntas, la fisiología de quien tiene lo que otros quieren conseguir. Se puede modelar una actividad deportiva, una actuación laboral, un estado emocional.

Podemos hacer una distinción entre el **modelado deseado y el modelado indirecto:**

> **a) El modelado indirecto**, es el que distingue la actitud de los niños que imitan (exactamente) las acciones y las actitudes de los más grandes.

Los niños observan el mundo y tienen, hacia esto, un enfoque totalmente inconsciente e indirecto porque aprenden de los exteriores, de los terceros. Esto se debe a que el niño no tiene conciencia y/o indicio de racionalidad; en pocas palabras, un niño no opta por imitar el comportamiento de sus padres, lo hace porque para él, son simplemente ejemplos a seguir (por esta razón es necesario prestar mucha atención cuando se está en presencia de un niño porque, él, es capaz de absorber cualquier comportamiento o forma de lenguaje en los primeros años de desarrollo).

**b)** El tipo de modelado hacia el cual nos impulsa la Programación Neuro Lingüística es lo que podríamos llamar **analítico**, o mejor aún **modelado consciente y directo**, es en la práctica una forma de modelado deseada. **Queremos imitar y elegimos, conscientemente, recoger la información sobre el sujeto que queremos imitar en las actitudes, en las formas de decir, en el uso del lenguaje, en el comportamiento en público; el objetivo final es lograr (con suerte) un resultado que se acerque lo más posible a él.**

Obviamente para crear una cierta semejanza no es absolutamente imaginable intentar fórmulas casuales de improvisación, pero es indispensable el estudio de estrategias y técnicas que lo permitan; esto requiere tiempo, del compromiso, de la precisión y mucho, pero mucha conciencia. Es la que hace la diferencia entre quién lo hace y quién no, ¿sabes?

Vale la frase (que se oye a menudo, entre otras cosas): **¡"si él lo ha hecho, yo también puedo hacerlo!".** ¡Claro! ¡Claro que puedes hacerlo! Pero si quieres lograrlo, entonces tienes que empezar a apuntar hacia él, **conscientemente tienes que empezar a moldearte.**

En este punto del libro ya has adquirido la mayor parte de los aspectos teóricos que te faltaban.

Ahora sabes que:

- **No hay magia o trucos que te lleven al éxito inmediato. El éxito se logra con el tiempo, con energía y con mucha determinación.**
- **Lograr el éxito es posible y eso no es nada imparable.**
- **Cómo te muevas, lo que digas, frente a cada uno de tus clientes, siempre hará una diferencia.**
- **Podemos modificar, en cualquier momento que queramos, los significados a través de una transformación de la estructura perceptiva.**
- **Podemos modelar estrategias de pensamiento y comportamiento de personas con éxito para obtener resultados en la vida.**
- **Que el modelado es importante porque te permitirá, desde el principio, apuntar a algo concreto y no a un ideal abstracto; te permitirá ambicionar lo que esta persona común ha logrado Y tú sigues imaginándolo. Así que en él puedes encontrar un punto de referencia que te incite a creer y que te**

lleve a decir: "Puedo hacerlo como él lo hizo antes que yo".

En los párrafos anteriores, hemos mencionado tres elementos que considero indispensables para tu crecimiento profesional y a estos, ahora, añadiría un cuarto.

Volvamos a verlos juntos:

**1.** La **convicción** ("Lo que hago es ayudar a la gente a desarrollar la creencia de que son personas maravillosas, porque cuando empiezan a creerlo, también empiezan a actuar en consecuencia: ahí es cuando empiezan a obtener resultados fantásticos" - Bandler).

**2.** El **optimismo** ("Es importante aprender a aprovechar el gran poder de la mente para hacer realidad nuestros pensamientos, ser optimista es la clave del éxito").

**3.** La **confianza** hacia sí mismo, hacia los demás, hacia el propio cambio ("Tienes que creer tú primero en tus metas y en tus capacidades de lo contrario no éxito, no ventas, no colaboraciones, no realizaciones; nada de nada").

## 4. La Motivación

"Si quieres algo que nunca tuviste, tienes que hacer algo que nunca hiciste, y tienes que hacerlo creyendo en ello con toda tu fuerza."

(Thomas Jefferson)

**Tienes que ser, para lograrlo, un vendedor motivado. Esta cuarta característica te será muy útil.**

**La motivación te permite construir puertas que no sabías que podías construir; es el motor del cambio.** Porque ya sabes, si no estás motivado, nunca vas a ir a ninguna parte; y aunque el camino será (muy) a menudo tortuoso, no importa cuánto tiempo tome llegar, lo que cuenta es llegar, en el bien y en el mal.

- Luke Skywalker: ¡Bien, lo intentaré!

- Yoda: ¡No! No lo intentes. O lo haces o no lo haces. ¡No existe la prueba!

(De la película Star Wars)

**No puedes intentar el cambio: ¡tienes que desearlo! ¡Tienes que creerlo real y posible!**

Puedes empezar por lo que eres hoy para construir lo que quieres ser; hazlo siempre paso a paso, no tengas prisa. La prisa no es buena.

Como decía Sally Berger: **"El secreto para seguir adelante es empezar"**. Tienes que empezar por alguna parte. ¡Y si estás leyendo este libro es porque ya lo has hecho!

¡Por favor, no te rindas y sigue! **Sólo puedo aconsejarte que inviertas en ti mismo, porque es la única inversión que paga los intereses más altos.**

**Según la Programación Neuro Lingüística, la motivación es uno de los principales elementos de la vida de las personas, y eso es todo lo que hace la diferencia.** Por lo tanto, encuentra la motivación en ti mismo, en primer lugar y luego, mira tú patrón y encuentra inspiración en él; déjate guiar y cuando estás en un momento de desasosiego, Vuelve a mirarlo y a admirarlo para volver a imitarlo cada vez más conscientemente.

**De tu modelo de vida saca cada día inspiración**; pero la real, la que sabes que es la mejor inspiración para usted. Recuerda:

**"El diccionario es el único lugar donde la palabra éxito viene antes que la palabra sudor"** - decía Vince Lombardi.

**Así que arremanga y empieza a sudar.**

He titulado este párrafo "Aforismos de Bandler, y mucho más..." porque, además de sacar provecho de sus explicaciones sobre la Programación Neuro Lingüística (retocando los principios en torno a los cuales se funda la PNL), creo que es importante que profundices tus estudios haciendo referencia a las palabras que el propio Bandler ha publicado o pronunciado en una de sus numerosas conferencias, para que puedas hacerlas tuyas en este proceso de cambio y encontrar una profunda inspiración, que yo te deseo de corazón.

En este punto sólo tienes que creer:

- "Los problemas son inexistentes en ausencia de los seres humanos a los que están vinculados. No tienen una existencia propia en el universo. Sólo existen en nuestras percepciones y en nuestro sentido de las cosas".
- "De costumbre, las personas tienden a subestimar la necesidad del hombre de detenerse de vez en cuando a oler las flores que crecen en ese camino que es la vida. Toda su energía, todos sus proyectos están dirigidos a lograr el resultado, por lo que no queda espacio para el recorrido... La vida debe ser vivida como un proceso, y no como una secuencia de resultados materiales".

- "Si crees con cada fibra de tu ser que existe una calle, probablemente la encontrarás".
- "Un dicho típicamente occidental es que lo creeré cuando lo vea. Debemos considerar la idea de reformularlo así: lo veré cuando lo crea. Sería mucho más preciso y tendría en cuenta el hecho de que al cerebro humano le gustan las imágenes. De hecho, por lo que sabemos, él logra y da sentido al mundo sólo a través de las imágenes".
- "No puedes convencer a la gente de que lo que están viviendo no es la verdad. Están atrapadas ahí porque sienten que es real".
- "Presten muy poca atención a lo que la persona dice hacer y mucha atención a lo que hace".
- "La gente añade o sustrae información para crear sus propios modelos del mundo sobre la base de sus propios filtros ... Sentimos lo que esperamos probar, oímos lo que esperamos oír y, sobre todo, vemos lo que esperamos ver".
- "Yo no debería ser capaz de influir en tu vida, no debe ser capaz de influir en la mía, excepto por consentimiento mutuo, o cuando se da un buen ejemplo y demuestra algo".

- "Las personas OPTIMISTAS obtienen mejores resultados en prácticamente todos los ámbitos de la vida que sus homólogos pesimistas. No se trata de dejarse engañar por falsas esperanzas, ni de negar la realidad de los hechos. Se trata de fomentar la convicción de que las cosas pueden mejorar: el resultado es que, casi siempre, lo harán... ¿Eso significa que todos tus problemas se resolverán con una varita mágica? No necesariamente: lo que cuenta es la CONVICCIÓN de que cualquier situación, por negativa que sea, PUEDE MEJORAR de una manera u otra. Es uno de los signos distintivos de aquellos que saben vivir felices".
- "La vida es un proceso, no una secuencia de resultados materiales".
- "La convicción de que es posible lograrlo es fundamental para que puedas permitirte hacer las cosas necesarias".
- "Si quieres honrar a alguien, ve más lejos que él".
- "Algunas cosas podrían ir mal. Otras podrían funcionar. Puedes encontrar ambas por ahí. Si buscas cosas que podrían salir mal, las encuentras. ¡Simplemente has mirado en el montón equivocado! Busque lo que funciona - encontrarás también eso".

- "Si eres serio, estás atascado. El humor es el camino más rápido para revertir este proceso. Si puedes reírte de algo, también puedes cambiarlo".
- "Cuando los seres humanos aprenden a reírse de sus problemas, significa que son capaces de hacer algo al respecto".
- "Los que viven felices no tienen relaciones. En cambio, dan vida a un proceso constante y en continua evolución; saben que, para poder prosperar, su relación con sus seres queridos, con amigos, colegas y conocidos necesita un intercambio dinámico de afecto y atención. Estas personas se encargan de todas las relaciones, sin distinción. Incluso al conocer a una persona por primera vez, existe la posibilidad de que este desconocido se convierta un día en un compañero de viaje y, por qué no, un amigo".
- "Cuando uno hace una afirmación o pregunta frente a un ser humano, siempre le dará una respuesta no verbal, sea capaz de expresarla conscientemente o no".
- "Hemos construido un mundo donde las diferencias parecen peligrosas y las similitudes esenciales".

- "Los optimistas crean y alimentan sus expectativas y esas expectativas, son un factor clave para el cambio".
- "La gente tiene todos los recursos que necesitan, pero los tienen inconscientemente, todo lo que tenemos que hacer es ponerlos a disposición donde los necesiten".
- "Las computadoras dan exactamente lo que se les ha dado; si la futilidad, la futilidad obtendremos, pero los hombres no son muy diferentes".
- "Sus creencias son capaces de atraparlos o liberarlos. Lo que crean determinará lo que deciden hacer".

Y ustedes, ¿De verdad creen esto?

# 5. Las 22 leyes inmutables del Marketing

"Nunca escribas un anuncio que no quieras que tu familia lea. Si no le mientes a tu esposa, no puedes mentirle a la mía".

(David Ogilvy)

## 5.1 El Marketing del Cazador y el Marketing de la atracción.

"Hacer promesas y mantenerlas es una buena manera de construir una marca"

(Seth Godi)

Si estás leyendo este libro es porque deseas convertirse en un vendedor único en su tipo: esculpidos, capaces de hacer frente a cualquier dificultad, preparados y seguros de actuar con una fuerte determinación en la vida profesional y, por qué no, privada.

¡Ahora sabemos que la **Programación Neuro Lingüística es una disciplina que puede**

**cambiar cada aspecto de tu vida** y que una vez que te acerques a ella, todo cambiará para mejor!

Mejorará tu rendimiento laboral y destacarás tus talentos, los mismos que no creías tener antes de acercarte al mundo de la PNL.

**Todo esto porque te habrás redescubierto... Habrás hecho claridad dentro de ti y habrás aprendido a exaltar tus cualidades en lugar de eclipsarlas a causa de tus propios comportamientos, la mayoría de las veces negativos.**

La Programación Neuro Lingüística te da el justo estímulo para el cambio: no es una simple disciplina que estudias y ese aprendizaje sigue siendo, luego, fin en sí mismo. ¡No! La PNL entra a formar parte de los mecanismos de tu vida cotidiana, sin darte un segundo.

Gracias a la Programación Neuro Lingüística siempre buscarás estímulos y cuanto más positivo sea tu enfoque del trabajo, más positivo será el tuyo.

**Basta con quererlo. Libre de los condicionamientos mentales que tú mismo te has creado a lo largo de tu existencia, dirigirás tu mirada hacia horizontes nuevos, mejores, horizontes infinitos.**

Tu lado humano va a cambiar (si eres una persona un poco gruñona, espero que no te ofendas al escuchar esta palabrería, intenta sonreír un poco más y verás los beneficios inmediatos de tu humor); así como tu lado profesional va a cambiar **(recuerda: positividad atrayente positividad, negatividad atrayente negatividad)**. Podrás hacer malabares con pasión en el vasto panorama del mundo del mercado, buscando con valentía, determinación, astucia y fuerza de ánimo permanecer siempre a flote.

Nos hemos centrado mucho en el aspecto de la Programación Neuro Lingüística basado en el cambio personal, en la capacidad de modificar las actitudes mentales y lingüísticas que **caracterizan "la realidad propia", la esfera íntimamente privada, subjetiva de cada individuo.**

Ahora, sin embargo, vamos a pasar a un tema igualmente importante para que puedas aprender cómo moverte dentro de tu sector (con total autonomía) y hacer tu trabajo lo mejor posible,

**Porque si es cierto que el cambio personal no tardará en llegar, debemos saber exactamente hacia qué realidad nos orientamos.**

Por eso me gustaría que ahora, después de aprender los fundamentos de la Programación Neuro Lingüística, aprendas (bien) algunas reglas de Marketing.

¿Por qué? ¡Pero es obvio! **¡Eres un vendedor y tienes que saber cómo funciona!**

**¡Recuerda siempre, sin embargo, que en marketing cuenta la credibilidad!**

Las reglas que gobiernan el mundo del mercado serán tu pan de cada día, así que tendrás que conocerlas bien. así que...

Rotulador en la mano, listo para la inmersión despiadada. Si tu memoria se tambalea, te sugiero que lo anotes en una hoja de papel y te las lleves contigo, (en la cartera, en el coche, en el bolsillo de la chaqueta; y cuando algo no te convence, con respecto a una propuesta o a un simple análisis de mercado...Abajo de un papelito, para refrescar la memoria. Verás lo útil que te será, de aquí en adelante).

Bien. Antes de hacer referencia a algunas citas específicas de Marketing, **debes saber que existen principalmente dos categorías de vendedores que actúan dentro de este mundo: hablamos de la categoría de los vendedores que pertenecen al mundo del Marketing de la atracción y de la categoría de**

**los vendedores que pertenecen al mundo del Marketing del cazador.**

¿Alguna vez te has preguntado a cuál de las dos pertenezco? Si aún no has tenido la oportunidad de preguntártelo, siempre estás a tiempo para hacerlo y elegir a cuál de las dos perteneces.

El vendedor, (el vendedor), que pertenece a la segunda categoría, es considerado como un cazador y sus clientes (siempre potenciales) son vistos como presa a alcanzar, a atrapar, al igual que lo hacen los leones con los ciervos. En este caso, en el momento de su análisis de mercado, el vendedor se deja llevar por las preguntas específicas: "¿Cómo puedo hacer una nueva venta ahora?", "¿A quién debo apuntar?" "¿Cómo puedo encontrar (encontrar) inmediatamente un nuevo cliente al que proponer mi servicio (o mi producto)?" "¿Cómo puedo vender lo vendible?" "Quiero más, ¿cómo puedo hacerlo?".

Esta ansiedad (déjenme pasar el término), o mejor dicho este estado de ánimo que lo acompaña, genera en el vendedor el deseo (a veces exagerado) de concluir lo más rápidamente posible un negocio, olvidando que el cliente esta ansiedad la percibe; la consecuencia puede ser principalmente una: que el cliente, sintiéndose acorralado, con la espalda contra la pared, huya a pie.

Como hemos visto, la actitud adoptada por el cazador de mercado no siempre produce los efectos que desea; desarrolla estrategias y técnicas de venta un poco arcaica, si así podemos definirlas, y además (como ya hemos señalado en varias ocasiones) sus actitudes agresivas tienden a producir una fuerte resistencia por parte del cliente potencial.

**Este último se siente literalmente acosado por sus propuestas, se siente asfixiado y tenderá a defenderse** (aunque sólo sea mediante la formulación de objeciones), **como sucede en una escena de caza común. Es el juego de las partes: de la presa y del depredador.**

Por lo tanto, te desaconsejo (vivamente) elegir la categoría de los vendedores que pertenecen al mundo de la comercialización del cazador. Te invitaría, en cambio, a tender a la categoría que pertenece al mundo del marketing de la atracción.

**=> No hay mejor manera de entrar en el mundo de la mercadotecnia (y sobre todo de la mercadotecnia) que aprovechando la atracción natural que la gente tiene por las cosas que realmente necesitan. Y repito, por las cosas que realmente necesitan.**

Quiero recordarte que el encanto o las cualidades especiales que atraen a la gente hacia algo es lo que ejerce cualquier forma de atracción. La atracción puede ser tanto una forma física como una forma psicológica, pero en ambos casos tiene una fuerza propulsora que puede agotarse, por lo que es importante aprender a manejarla lo mejor posible.

**"¡Tu actitud mental le da a toda tu personalidad un poder de atracción que atrae las circunstancias, las cosas y a la gente en la que más piensas!"**

**(Napoleon Hill)**

Esta cita es un poco el hilo rojo conductor de todo; explica perfectamente el papel que desempeña la Programación Neuro Lingüística en nuestra vida. Si cambias de actitud mental, todo a tu alrededor cambia; si la actitud es positiva, obtendrás, en respuesta tan positividad, diferentemente, las cosas no irán por el camino correcto (la negatividad atrae la negatividad).

Como ves, pensándolo bien, todos formamos parte de un conjunto que encuentra un orden lógico dentro de un sistema; por eso es siempre indispensable comprender (o al menos intentar) hacia qué dirección tendemos.

La credibilidad no es algo que se adquiere para siempre. Hay que alimentarla todos los días.

(Fabrizio Saccomani)

Resumiendo, brevemente, para tener éxito y mejorar tu vida:

=> la base de todo debe tener cuatro condiciones: CONVICCIÓN, OPTIMISMO, CONFIANZA, MOTIVACIÓN;

=> estos cuatro elementos anteriores nos permiten tener una visión clara de quiénes somos, qué deseamos para nuestra vida, qué queremos que cambie radicalmente en nosotros;

=> a este punto se da inicio a la Programación de los esquemas mentales (pero antes a la Programación del lenguaje verbal y no verbal);

=> cambio en el comportamiento y el lenguaje;

=> sólo se obtiene positividad;

=> la Positividad genera la Mejora de la vida profesional y de la vida privada;

=> esta nueva luz de Positividad que nos invade produce la fuerza de la ATRACCIÓN (nuestros clientes): nosotros tendemos hacia ellos y ellos tenderán, a partir de ese momento en adelante, hacia nosotros.

## 5.2 Algunas definiciones de Marketing.

A propósito de esta rápida explicación teórica sobre Marketing, hemos puesto de relieve la existencia de dos categorías de vendedores que actúan dentro de su sector, la categoría de los vendedores que pertenecen al mundo del Marketing de la atracción y la categoría de los vendedores que pertenecen al mundo del Marketing del cazador.

**Pero, ¿qué se entiende por marketing?** Veamos de inmediato algunas de las nociones teóricas más famosas.

**El Marketing es una disciplina, o, mejor dicho, es una rama de la economía que se ocupa del estudio y de la descripción de un mercado de referencia y, en general, se ocupa del análisis de la interacción entre el mercado y los usuarios de una determinada empresa.**

El término Marketing se deriva de un mercado al que se añade la desinencia del gerundio para indicar su participación activa, es decir, la acción en el propio mercado por parte de las empresas.

Hoy tenemos diferentes definiciones de marketing. Esta distinción se determina en función del papel que desempeña la empresa y del objetivo de posicionamiento, de un determinado panorama, que ésta tiene en relación con los competitors.

La empresa se caracteriza así, en este amplio panorama, por el papel estratégico que decide desempeñar y el posicionamiento que obtiene dentro de su específico ámbito (competitivo) de mercado.

Philip Kotler, conocido por ser el padre de los últimos desarrollos (en cuanto a la materia) a raíz de sus trabajos publicados de 1967 a 2009, nos da la definición principal de Marketing.

**El marketing se define como el proceso social y de gestión para satisfacer las necesidades y necesidades a través de procesos específicos de creación e intercambio de productos y valores.** Es una disciplina que se distingue por su capacidad de identificar, crear y proporcionar mayor valor con el fin de satisfacer las exigencias de un mercado de referencia, logrando un beneficio: delivery of satisfaction at a price.

Básicamente, se reconocen tres tipos de marketing:

- **"Marketing analítico"**, es decir, el estudio del mercado, de la clientela, de los competidores y de la propia realidad

empresarial en relación con su contexto sociocultural específico;
- **"Marketing estratégico"**, es decir, es una actividad de planificación, traducida en esencia por una empresa con el fin de obtener, al mismo tiempo privilegiando al cliente, su fidelización y la colaboración por parte de todos los agentes del mercado, siempre en relación con su contexto sociocultural específico;
- **"El marketing operativo"**, es decir, el tipo de marketing que puede aprovechar, en lugar, todas las opciones que la empresa pone en práctica para alcanzar un objetivo dentro de una estrategia, siempre en relación con su contexto socio específico - cultural.

**«Marketing: es el proceso de producción, promoción, distribución (punto de venta) y determinación del precio de bienes, servicios o ideas con el fin de establecer relaciones satisfactorias con el cliente en un entorno dinámico.»**

(William Pride y O.C. Ferrel y su definición genérica de Marketing)

En 1985, el AMA Board daba esta definición en Marketing con el fin de especificar sus características: **«It's the process of planning and executing the conception, pricing,**

**promotion and distribution of ideas, goods and services to create exchanges and satisfy individual and organizational objectives»**, («Es el proceso de organización y ejecución de la concepción, la política de precios, las actividades de promoción y la distribución de ideas, bienes y servicios para crear comercio y satisfacer los objetivos de las personas y las organizaciones»).

Esta visión es la que más se acerca a la idea que comúnmente se tiene del marketing entendido como el proceso de distribución de ideas, bienes y servicios para crear comercio y cumplir los objetivos de las personas y las organizaciones individuales o públicas.

Una definición similar sobre el marketing que encontramos es la siguiente: **«Marketing is the activity, set of institutions, and processes for creating, communicating, delivering, and exchanging offerings that have value for customers, clients, partners, and society at large»**, («El marketing es la actividad, el conjunto de instituciones y procesos para crear, comunicar, ofrecer e intercambiar las ofertas que tienen valor para los consumidores, clientes, socios, y la sociedad en general»).

**Es el conjunto de las actividades que pretenden influir en una elección del consumidor.**

En los últimos años el marketing ha comenzado a abandonar la perspectiva transaccional para centrarse más en la óptica de la comercialización relacional. La AMA redefinió aún más el concepto de marketing en julio de 2013, después de observar que esta disciplina se está desplazando constantemente hacia nuevos horizontes.

Así la descripción (reformulada) de Marketing es la siguiente **«Es una función organizativa y un conjunto de procesos destinados a crear, comunicar y transmitir un valor a los clientes, y a gestionar las relaciones con ellos de manera que beneficien a la empresa y a sus partes interesadas.»**

**El objetivo último del Marketing es crear valor para el cliente y, de hecho, uno de sus objetivos principales es crear un posicionamiento del Brand (marca) en la mente del consumidor a través de técnicas de gestión de marcas.**

Las últimas tendencias están dirigidas al estudio del **Marketing experiencial** que abraza la visión del consumo como experiencia en la que el proceso de compra se funde con los estímulos perceptuales, sensoriales y emocionales.

Existe hoy una rama de Marketing llamada Management que consiste en analizar, programar, realizar y controlar proyectos destinados a la realización de intercambios con mercados objetivo para realizar objetivos empresariales. Su objetivo principal es adaptar la oferta de productos o servicios a las necesidades y necesidades de los mercados objetivo y al uso eficaz de las técnicas de fijación de precios, comunicación y distribución para informar, motivar y servir al mercado.

Esta actividad de Marketing Manageriale puede servir de "interfaz" entre la empresa y el entorno externo (junto con el sector de ventas, importación/exportación, relaciones públicas y otros), observando su comportamiento y protegiendo, al menos en parte, los flujos de información de salida de la empresa (intencionales o no intencionales) y el aumento de los conocimientos procedentes del exterior, incluidas las señales débiles que permiten comprender, en la medida de lo posible en el momento oportuno, las modificaciones del mercado que se produzcan en un futuro próximo.

Cabe citar, además de Marketing Management, el **Marketing de Servicios** (compañías aéreas, cadenas hoteleras, etc.) y el **Marketing Institucional** (hecho por instituciones).

De significado menos económico es el Marketing Político, así como lo que las empresas reservan a sus empleados y que se define comúnmente, aunque impropiamente, marketing B2E (business to employee, "de empresa a dependiente").

### ¿Qué tienen en común los diferentes tipos de marketing mencionados?

Por supuesto, los clientes, los estudiantes o los pacientes son su punto en común; toda estrategia de comunicación tiene por objeto vender un producto, un servicio o ambos.

**Hacer que atraigan a los clientes y conducirlos a sí mismo es el objetivo último de Marketing; y sabemos que no hay otras formas de interacción que las que respetan una ley de atracción: atraer nuevos clientes para mantenerse de pie es fundamental.**

**La venta profesional necesita un método basado en la comunicación eficaz y persuasiva**, capaz de cumplir todas las condiciones necesarias para cerrar contratos con los clientes (nuevos) y mantener a los clientes que ya tienen (antiguos).

### ¿Pero podemos ver más de cerca quiénes son los destinatarios para los que creamos las diferentes estrategias de marketing?

El Marketing puede dirigirse tanto a los consumidores, y en este caso se habla de **Marketing B2C, (business to consumer, "de la empresa al consumidor")**, a menudo llamado simplemente Marketing; o, puede dirigirse al mercado de las empresas, y en este caso toma el nombre de Marketing industrial o **Marketing B2B, (business to business, "de empresa a empresa").**

En el ámbito de la salud en sentido amplio, con la expresión **disease-mongering se indica el uso de estrategias de marketing particulares, con vistas a la introducción de un protocolo terapéutico o nuevos procedimientos de diagnóstico/tratamiento o de un medicamento ya preparado o próximo a la comercialización.** Todo ello a través de una adecuada campaña de sensibilización con vistas a la introducción de marcos clínicos no estrictamente patológicos, para inducir al consumidor y/o al paciente a buscar una solución a sus "supuestas" enfermedades, que lo hacen sufrir, con el fin de generar nuevos mercados de pacientes potenciales.

Las personas que normalmente se benefician del uso de estas estrategias son las empresas farmacéuticas, los médicos y sus organizaciones profesionales y las organizaciones de consumidores, los objetos de estas estrategias son los consumidores, grupos especiales de pacientes o clases sociales enteras.

El análisis de la posición competitiva, que cada empresa hace, se debe difundir en la dirección de las diversas funciones, pero a menudo se deja al Marketing tradicional que utiliza modelos como las "5 fuerzas de Porter" (teorizadas por el profesor universitario estadounidense Michael Porter), modelos analíticos como la matriz del Boston Consulting Group o las 7S de la Mckinsey, las investigaciones y encuestas de mercado y las segmentaciones del mercado.

Tratando de entrar aún más en detalle acerca de los destinatarios hacia los que creamos campañas de comunicación estratégica podemos afirmar que, los diferentes negocios pueden diferir en términos de ventas porque tienen:

**(a) Los clientes inmobiliarios, es decir, yo voy al cliente** (aquí el enfoque es diferente, no el negocio); son fáciles de localizar (los encontramos por ejemplo en los bares, en la peluquería, etc.) Al hacerlo, yo vendedor vendiendo a categorías específicas que son fáciles de alcanzar, no es necesario ser un experto en marketing directo.

**Tengo la categoría y sé quiénes son, pero, los encuentro fácilmente como los encuentran mis competidores. Esta es la desventaja real. Lo más probable es que nuestros clientes ya tengan productos de la competencia.** Así que tengo que adquirir algunas habilidades básicas, tengo que especializarme en lo antes posible para hacer un mejor uso de las técnicas de marketing. **Tengo que ser capaz de convencer, tengo que ser creíble.**

**(b) Los clientes escurridizos, que es difícil entender quiénes son.** No tenemos una lista precisa de estos clientes, todos pueden ser nuestros clientes potenciales en un océano infinito de clientes. **¡En este punto juega un papel fundamental la targetizacion!**

El cliente objetivo: ¿quién es? Creamos una campaña para llegar directamente a los clientes que nos interesan, es decir, aquellos que realmente nos necesitan. El Enfoque se centrará en la identificación del objetivo: "necesito saber a quién tengo que comunicarme de una manera diferente, persuasiva, directa"; **tengo que comunicarme sólo con personas objetivo.**

**Por supuesto, para comunicar tendré que usar el sentimiento de empatía, (desarrollar una sensibilidad empática no es nada fácil, significa poner en segundo plano nuestros estados de ánimo para tratar de comprender los de los demás.**

¡Así que, aunque tu cliente tenga hábitos que no te gusten, no tendrás que juzgarlo, sino intentar ponerte en su lugar!

## 5.2 Las 22 leyes inmutables del Marketing.

> "La credibilidad es lo que dicen de usted (persona, empresa o producto no importa) cuando usted está ausente".
>
> (Jeff Bezos)

Existe una ley de atracción y existen leyes de marketing, inmutables e indiscutibles que si decides ignorar serán tu riesgo y tu peligro. **Parece absurdo, pero estas reglas, si se estudian atentamente, podrán salvar tu carrera profesional porque quienes las han elaborado se han inspirado en los criterios de racionalidad y sentido común que, a la larga, el mercado siempre premia.**

Seamos claros: el mercado está lleno de trampas, y lo sabemos. Y el marketing es una materia muy compleja, a menudo difícil; es una materia en continua evolución, porque la sociedad cambia rápida e imprevisiblemente, como es bien visible a los ojos de todos.

**Ahora las empresas - desde las multinacionales a las pequeñas empresas, hasta las empresas familiares - ya no pueden permitirse el lujo de equivocarse. Pero, ¿es posible evitar o, al menos, minimizar los errores?** Durante más de treinta años dos autores han estudiado qué funciona y qué no dentro del gran mundo empresarial, hasta deducir algunas leyes, consideradas hoy como universales.

A través del análisis de las estrategias de las grandes empresas - IBM, Coca-Cola, McDonald's, Sony, BMW, Apple, DHL, y otras - y la tasa de éxito y fracaso de los nuevos productos, estos **dos grandes personajes han elaborado 22 principios universalmente válidos:** desde la ley del liderazgo hasta la de la exclusividad, desde la ley de la imprevisibilidad hasta la de la montura publicitaria, (por nombrar sólo algunas).

**Tomando nota de la conciencia de que todos podemos aprender a atraer lo que queremos** siguiendo especificaciones técnicas verbales (y no); **tomando nota de que la Programación Neuro Lingüística aplicada a las ventas es capaz de aportar importantes ventajas a tu vida profesional** y, por último, de que **la credibilidad será el arma ganadora para ti**, debes saber ahora que existen leyes universales de las que nunca podrás escapar si de verdad quieres ascender.

Es indiscutible que Marketing sigue estrategias cuidadosamente planificadas por los líderes individuales de la industria, pero, debes saber, que Marketing en sí mismo está planificado, por ellos, teniendo en cuenta precisamente estas leyes que siempre serán invariables en el tiempo (y que tú también deberás recordar).

**Al Ries y Jack Trout son los dos mejores expertos en marketing del mundo**, (los dos han escrito libros que se han convertido en la piedra angular de Marketing y Negocios) que partiendo del estudio de empresas de éxito han destilado **estas famosas 22 leyes inmutables del Marketing**; inmutables precisamente porque prescinden del tiempo y de cualquier cambio/contexto social-cultural al que se refieren.

Ha llegado el momento de descubrir conmigo cuáles son estas **22 leyes inmutables de marketing:**

1. **El Liderazgo.**

**El mundo del marketing debe considerarse más una batalla de percepciones que de productos.** En efecto, una de las teorías que distingue el Marketing de otras disciplinas se basa en la importancia de ser primeros en el propio sector: **"es mejor ser primeros que ser mejor que los demás"**. Es importante llegar primero, para ser buenos líderes.

**"Los que piensan en conducir y no tienen a nadie que lo sigas sólo están dando un paseo"** - escribía John Maxwell. Y así, tenemos que tratar de ser lo suficientemente buenos como para crear detrás de nosotros una estela de gente que esté interesada en lo que hacemos y lo que decimos; tenemos que ser tan ambiciosos que los demás quieran imitarnos, que quieran ser nosotros. Y eso es exactamente lo que hacemos con el modelo que elegimos al principio de este camino de cambio.

En este punto, debemos saber que hay tres tipos de líderes en el mundo:

a. **Hay líderes que te dicen qué hacer;**
b. **hay líderes que te dejan hacer lo que quieras;**
c- **hay, por último, los líderes lean, "que vienen a ti y te ayudan a averiguar qué hacer" - John Shook.** Esta es la diferencia entre un líder que vale y el otro que no vale. **" Aquellos que quieren ser líderes, pero no lo son dicen las cosas. Los buenos líderes las explican. Los mejores líderes las demuestran. Los grandes líderes las inspiran".** Hay líderes y líderes, pero lo que te permitirá afirmarte dentro de este panorama (muy, muy, muy competitivo) será tu habilidad para inspirar a los que te siguen: **Haz que los demás se inspiren en ti y que extraigan de tus enseñanzas inspiración para su vida, que se dejen**

**abrumar por la fuerza del cambio y el deseo por el éxito.**

**"El desafío del liderazgo es la capacidad de lograr ser fuerte, pero no brutal; amable, pero no débil; temerario, pero no prepotente; reflexivo, pero no perezoso; humilde, pero no tímido; orgulloso, pero no arrogante; con humor; pero sin locura"**

**(Jim Rohn)**

Pero, ¿cuáles son las características que distinguen a un líder de la masa?

Cuando hablamos de liderazgo hay muchos factores que analizar que tienen que ver con las ideas, pero también (y, sobre todo) con las acciones. Dar una definición clara de liderazgo (y liderazgo) no es nada fácil; **podemos decir que el liderazgo es el arte de motivar a un grupo de personas a actuar para alcanzar un objetivo común.**

Ser líder implica, sin duda, ser capaz de inspirar a los demás (como te decía hace un momento) y estar siempre dispuesto a hacerlo. Para hacer esto, hay aspectos de su personalidad y hay ciertas características que **convierten a un sujeto en director de la acción.** Según Warren Bennis, **el liderazgo** es la capacidad de hacer realidad la visión.

Pero específicamente, ¿cuáles son las habilidades y características que debe tener un verdadero líder para que pueda inspirar y motivar a los demás? ¿Qué tienes que demostrar, como buen vendedor, a los ojos de tus clientes? ¿Qué actitud debes tomar para que te elijan a ti y no a uno de tus competidores?

Verás, me he detenido un poco más en este parágrafo porque **quiero que entiendas bien la importancia que tiene tu manera de portar. No es un concepto trivial, es el quid el que hace la diferencia.** No es una broma o un tema a tomar en serio. Debes sentirte como un verdadero líder en tu profesión, y tienes que demostrarlo a diario, sin excusas.

"¿Qué es la credibilidad? La credibilidad es la probabilidad de ser creído".

(Guido Gili)

Ten en cuenta estos adjetivos cuando intentes describirte:

=> **¡POSITIVO!**

=> **¡FIABLE!**

=> **¡SEGURO DE TI MISMO!**

=> **¡CREÍBLE!**

El liderazgo no es sinónimo de gestión: estos dos conceptos no son en absoluto sinónimos.

Un buen gerente no es necesariamente un líder, de hecho, los gerentes son capaces de gestionar proyectos/clientes, de supervisar el progreso del trabajo, de coordinar el equipo, de resolver problemas, de contratar personal, a veces de despedir. **Podemos decir que la verdadera diferencia entre un gerente y un líder es que los gerentes manejan las cosas, pero los líderes guían a la gente. Y no te conviertes en un líder por antigüedad, sino, única y exclusivamente, por habilidad.**

Que en una empresa haya un gerente desde hace más tiempo o que tenga más experiencia que un nuevo empleado no significa absolutamente nada, no por eso ese gerente tiene derecho a convertirse en un líder en su campo de competencia. **No te conviertes en líder automáticamente.** Dentro de la propia empresa pueden existir altos directivos, pero no se puede decir que sean líderes y que sepan manejar a las personas.

Además, quiero decir que **el liderazgo no es tener un título: no hay un título que te enseñe a ser un líder.**

**Si quieres ser un buen líder, debes aprovechar al máximo tu potencial y las cualidades que cada uno de nosotros tiene: ve a perfeccionar algunas características**

específicas y trabaja en ellas para mejorar tu eficacia.

=> AQUÍ VUELVE A ENTRAR EN JUEGO LA PROGRAMACIÓN NEURO LINGÜÍSTICA: explota al máximo tus potencialidades y las cualidades que cada uno de nosotros tiene y suaviza aquellos aspectos que caracterizan tu comportamiento o tu lenguaje que te dañan.

¿Qué te invita a reprogramar la PNL en este caso? ¡Seguramente te anima a ser

=> POSITIVO!

=> ¡FIABLE!

=> ¡SEGURO DE TI MISMO!

=> ¡CREÍBLE!

La Programación Neuro Lingüística nos ha dado la esperanza de poder cambiar; ahora, sabemos que debemos (ante todo) ser **vendedores positivos, fiables, seguros de sí mismos y creíbles**. Pero si queremos convertirnos en verdaderos líderes en el sector de las ventas, en particular, ¿qué técnicas de lenguaje y comportamiento debemos utilizar para hacerlo?

Como un buen líder:

=> debes ser capaz de explicar de forma clara y sintética a los empleados/clientes objetivos

SMART y/o necesidades organizativas de cualquier entidad. No te alargues, la gente no siempre tiene un límite máximo de concentración.

=> Los líderes deben dominar todas las formas de comunicación, incluidas las conversaciones individuales con los clientes (y más allá), así como las comunicaciones por teléfono, correo electrónico y redes sociales. Eres tú quien sabe lo que quieren y cómo complacerlos, no filtrar las entrevistas con ellos introduciendo a terceras personas; **asegúrate de asegurarles siempre que estás presente en cualquier momento.**

=> Los líderes deben ser capaces de gestionar la comunicación entre ellos y su personal o miembros del equipo, "ya sea a través de una política de "puerta abierta" o conversaciones regulares con los trabajadores".

=> Hemos mencionado en varias ocasiones la **positividad**. Un cliente se siente tranquilizado a la vista de un vendedor optimista, listo para mostrar empatía en caso de que lo necesitara; tienes que ser un vendedor carismático de la broma siempre lista. De este modo **se instaura entre tú y tu cliente una relación serena de la que se pueden sacar óptimas ventajas laborales.**

=> **Muestra tu creatividad, tu estilo.** El líder se encuentra a menudo en la situación de tener que hacer frente a las peticiones repentinas (inesperadas) del cliente para las que resulta difícil obtener una respuesta rápida/clara/unívoca. En estas situaciones, el buen vendedor no debe dejar patente su dificultad (¡no tocar nunca el pelo, la nariz! ¡Son típicos signos de vergüenza!) de gestión, si no, por el contrario, debe mostrar su creatividad y pensar (a 360°) a cómo resolverlo. **¡No siempre hay una respuesta lineal a todo, así que tendrás que mostrar tu estro!**

=> **Tienes que ser flexible. Aunque sé que a veces te parecerá muy difícil.**

=> **Tienes que ser una persona de confianza.** Ser confiable es la carta de triunfo para ser un líder; tienes que ser convincente, atraer al cliente hacia ti y hacer que se enamore de él (en cierto sentido), **¡tienes que ser una razón válida que incentive la compra para entendernos!** Los clientes deben ser capaces de sentirse cómodos comunicándote sus preocupaciones, planteando dudas acerca de lo que quieren comprar. Si no eres una persona de confianza y no tienes esa reputación, todo será inútil.

> **"Siempre digo a las personas que tienen derecho a obtener respuestas a cada pregunta que tienen. Esto no significa que les gusten las respuestas. Pero voy a ser**

honesto y sé que pueden enfrentar la verdad, que podría crear más preguntas, pero vamos a superarlas"

( Ray Davis, CEO de Umpqua Bank)

¡Tu honestidad intelectual y tu integridad moral son elementos imprescindibles para que otros te elijan a ti primero! Recuerda: "Es mejor ser el primero que ser el mejor".

Continuamos con nuestra lista de las 22 leyes inmutables de Marketing:

**2. La Categoría. Si no puedes ser el primero en una categoría específica, ¡entonces sólo tienes que inventarla! ¡Sí, así!** ¡Inventar una! Intenta parecer lo más especializado posible en lo que haces porque las personas aman la especialización y, por lo tanto, te percibirán como el más adecuado, entre todos, a sus exigencias. ¡Debemos dominar la categoría que inventamos y pensar seriamente en qué categoría podemos ser los primeros!

**3. La Mente.** Ser el primero en la mente de un cliente potencial es muy importante; es más importante ser el primero en su mente que ser el primero en el mercado; **no siempre el primero tiene derecho a ser el mejor**, c

Como hemos visto, en esta profesión entran en juego múltiples cualidades mezcladas a la capacidad de saber venderse y de saber posicionarse dentro del propio mercado de referencia.

**4. La Percepción. El Marketing es una batalla de percepción, como hemos dicho antes, no de productos.** Tomemos un ejemplo. **No se trata de la calidad objetiva del producto, sino de la percepción que se tiene de él.** Repito, muchas veces no es la calidad del producto lo que encuentra espacio en la mente de quien lo compra, sino la percepción que tiene el cliente en el momento de la compra. Tomemos, por ejemplo, Nutella y comparémosla con cualquier otra crema para untar; no es seguro que Nutella sea más buena, existen cremas para untar exquisitas, y sin embargo en la mente de las personas se crea una idea. Y esa idea es difícil de alejar o hacer que sea reemplazada por otra. **¡En marketing la percepción es una palabra clave porque es el primer punto en el que deberías basar toda tu estrategia de comunicación!** " **La percepción es el proceso psíquico que realiza la síntesis de los datos sensoriales en formas con significado**".

**5. El enfoque es el concepto más poderoso en el mundo del marketing.** Si puedes enseñar a tu segmento de mercado la asociación entre tu producto y una sola palabra, un solo beneficio, ¡serás el líder de ese mercado! El enfoque le permite ser el especialista en la categoría, le permite deshacerse de la competencia. Repito:

**Marketing es tener una palabra en la mente de nuestro cliente potencial, si enseñas al segmento de mercado la asociación entre tu producto y una sola palabra, serás el líder de ese mercado** (por ejemplo, en la mente del cliente la marca Mercedes es sinónimo de elegancia, Volvo de seguridad, etc.).

**6. La Exclusividad.** ¡Está claro que dos empresas deben jugar de exclusividad: su estrategia comunicativa debe tender a elegir palabras específicas que puedan representar su producto (y la calidad del producto) de manera exclusiva! Una marca de moda se distingue de otra para tener ciertas características y, en consecuencia, elige **un adjetivo exclusivo con el que posicionarse dentro del mercado**. Dos marcas de moda no pueden usar la misma palabra porque, en la mente del cliente, esto sólo crea confusión. **Recuerda: dos empresas no pueden tener la misma palabra en la mente del cliente potencial.**

**7. La Escalera. La estrategia a adoptar depende de qué peldaño de la escalera ocupes**, si somos segundos a alguien, debemos utilizar una estrategia diferente ¿(¿somos segundos? No importa, no renunciamos y, por el contrario, creamos una estrategia de marketing diferente, ad hoc, modelándola llevando la óptica de negativa a positiva).

**8. La Dualidad.** "A la larga cada mercado se convierte en una carrera de dos caballos" (tomemos el ejemplo de los colosos McDonald's vs Burger King, o Hertz vs Avis, etc....), esto significa que, incluso si logras ser el primero en una categoría, inevitablemente con el tiempo otras marcas aparecerán para evitarte de la posición de dominio, por lo que hay que encontrar la manera de entrar en ese mercado de referencia e intentar hacer la diferencia.

**9. Lo contrario. "Si peleas por el segundo puesto, tu estrategia es dictada por el líder"**, es decir, deberás encontrar estrategias contrarias a las estrategias que tu oponente está empleando (ejemplo: Coca Cola tiene 100 años de historia, la Pepsi es para las nuevas generaciones).

**10. La División. "El Marketing puede ser visto como un mar de categorías en continua expansión, nunca hay fin".** Las categorías son infinitas, pueden desarrollarse continuamente.

**11. La Perspectiva. "Todos los efectos de la comercialización se hacen sentir en un período de tiempo prolongado, los efectos a largo plazo son a menudo contrarios a los de corto plazo"** (Es la estrategia de los saldos, es decir, si los acostumbro a comprar a un precio más bajo probablemente ganaré allí para más, pero a través de mis políticas comerciales me acostumbraré a comprarlos sólo con las rebajas). **¡Así que ten paciencia al principio y luego disfruta de los efectos en el futuro!**

**12. La Extensión. "Hay una presión irresistible para extender el patrimonio de una marca"**, cuando tratas de ser todo para todos terminas inevitablemente en problemas (Un ejemplo es el restaurante de pescado que propone, dentro del menú, las pizzas para complacer a todos). **Si quieres ser todo, te arriesgas a no ser nada. ¡Mejor ser fuerte en algo que débil en todo!**

**13. El Sacrificio. "Hay que renunciar a algo para tener algo":** a sacrificar son los productos (hay que reducir el propio campo y ser especializados), el **objetivo** (inútil querer ser todo para todos) y los **cambios** (sólo cambia lo que no funciona, no todo).

**14. Los Atributos.** "Para cada atributo existe uno contrario y eficaz" (tomemos siempre el ejemplo de la Coca Cola que indica la tradición y de la Pepsi que indica, en cambio, la Nueva Generación, son conceptos antitéticos que sirven mucho para distinguir desde el punto de vista de Marketing).

**15. La Sinceridad. "Si admites una cualidad negativa, el cliente potencial te reconoce una positiva".** Una de las formas más efectivas de entrar en la cabeza del cliente potencial es primero admitir un hecho negativo y luego convertirlo en uno positivo. Nada es más complicado que la sinceridad.

**16. La Singularidad. "En cada situación, sólo un movimiento produce resultados sustanciales".** Puedes hacer muchas acciones de marketing, pero sólo una acción específica marcará la diferencia. **El marketing es una guerra, aprovechar el punto débil del Competitor es el movimiento estratégico y eficaz que te dará el giro.**

**17. La Imprevisibilidad. "A menos que escribas los planes de tus competidores no puedes predecir el futuro"**, no puedes predecir qué productos o servicios te lanzarán al mercado o puedes modelar tu estrategia en ellos.

**18. El Éxito. "Lleva a la cachonda y la arrogancia al fracaso"**, esto sucede cuando una empresa ha tenido muchos éxitos y por lo tanto méritos y, a menudo, se convence de que puede saber más del mercado mismo, Sin embargo, **lo que la gente necesita es saber exactamente lo que la gente quiere.**

**19. El Fracaso**. "El fracaso debe ser considerado y aceptado", el objetivo es limitar las pérdidas y aceptar que podría ocurrir.

**20. La Montura publicitaria.** "La situación es a menudo contraria a lo que aparece en la prensa".

**21. La Aceleración.** "**Los programas exitosos no se construyen sobre modas pasajeras, sino que se construyen sobre las tendencias del mercado**", esto porque tienen constancia.

**22. Los Recursos.** "**Sin financiación adecuada una idea no puede despegar**" porque el Marketing es una lucha y esto debemos recordarlo siempre, así que **quien tiene más recursos gana y vale en todos los procesos de Marketing.**

# 6. Las palabras correctas para vender (Parte 1)

"Peor que quien miente con palabras sólo hay quien pierde credibilidad con los comportamientos".

(Anónimo)

## 6.1 ¡Recuerda que...!

En el segundo volumen de la colección sobre la Programación Neuro Lingüística aplicada a las ventas encontrarás todas las palabras correctas con las que crear tu comunicación estratégica y todas las palabras nocivas a prohibir (categóricamente) de tu propio vocabulario.

Encontrará consejos muy útiles para entrar en relación con tu cliente potencial; ahora que está en la mitad de su camino ojo para no rendirse. Has aprendido hasta ahora nociones esenciales (perdóname si a veces he tenido que, por la fuerza de las cosas, repetir frases y conceptos o si he sido aburrida con citas teóricas, pero era útil para ti) que lanzarán, desde el principio, las bases en las que basar tu carrera.

En el próximo libro descubrirás (en detalle) las palabras técnicas a usar y los comportamientos correctos a tener para llegar a ser un verdadero profesional de la venta, encontrarás ejemplos prácticos y fáciles de recordar.

Has puesto en marcha tu programa de entrenamiento.

A partir de mañana, empezarás a analizar lo que dicen tus clientes y adivinar lo que piensan.

**Para hacerlo, recuerda que debes observar lo que te dice con palabras y lo que te dice con lenguaje corporal.** Quizás puedas pensar que las personas muy extrovertidas pueden decirte todo lo que necesitas oír para tu negocio de ventas, pero siempre tienes que tener en cuenta que muchas veces, Ni siquiera la propia gente puede entender lo que realmente quieren, no son capaces de entender lo que quieren.

Por esta razón un buen vendedor debe ser capaz no sólo de comprender las necesidades explícitas del cliente sino, sobre todo, las implícitas.

**Deja que el otro se sienta libre para expresarse.** Recuerda que en ese momento son dos mundos diferentes que tratan de conversar, así que encontrar compromisos es una cualidad indispensable para alguien que quiere convertirse en un buen vendedor.

**Siempre haces que tu cliente se sienta implicado.** El cliente se involucra en el proceso de venta y tienes que convencerlo de que su opinión importa, es extremadamente importante.

**Valora siempre a tus clientes incluso cuando estás en total desacuerdo sobre su modo de vida y sus comportamientos.** ¡Recuerde que tu objetivo es cerrar la venta, por lo que no debe importarle en absoluto lo que hace su cliente en la vida!

**Reconoce las emociones y revalúalas.** Las técnicas de venta pueden tener un gran impacto en la vida de los clientes si pueden hacerles sentir emociones. El componente emocional es muy importante en la venta, juego un papel esencial, así que no pienses que la venta es sólo algo material en el que propones y tu cliente compra: **tienes que crear una base de relación.**

Cuando un cliente te expresa sus emociones, sus temores, su desinterés ligado a preocupaciones específicas, tienes que tratar de comprenderlas y valorizarlas para que estén orientadas hacia la venta del producto.

Así que escúchalo, pero responde correctamente. Reconocer las emociones significa también reconocer su legitimidad, conferirle un valor: el cliente te reconocerá este acto de amabilidad. No le des la espalda.

Como aprenderás del segundo volumen, existe un lenguaje corporal específico, hecho de pequeños gestos, útiles para golpear al cliente. A veces, por ejemplo, basta con un trío de mano o incluso un regalo, que algunos vendedores hacen para agradecer a sus clientes la confianza, para hacer la diferencia. Estos pequeños gestos contribuyen a que el cliente se sienta importante, y cuando una persona se siente así, intentará hacer algo a la altura de la importancia que se le paga.

Si surgen problemas, aplica toda tu creatividad y extrovertidita para resolverlos; haz que tu cliente se sienta seguro contigo. Recuerda siempre que lo importante es no caer nunca y proponer soluciones alternativas; muestra habilidades en resolución de problemas, ser optimista y positivo.

**¡En algunos casos se te permitirá hablar de ti mismo, pero no siempre!** A veces contar al cliente episodios importantes de nuestra vida puede ser, para ellos, fuente de inspiración, o también puede ser, para ellos, muy gratificante, ya que habrás dado la impresión de confiar en su capacidad de escucha: Confiaste en él como él confía en ti. También en este caso el cliente se sentirá importante para ti, se sentirá satisfecho y tenderá a hacer algo a la altura de la importancia que se le da.

**¡Acuérdate de no juzgar nunca, jamás, a quién tienes enfrente! No sumes actitudes egocéntricas, exigentes, arrogantes. Sé paciente, optimista y apasionante. ¡Les ofrezco tu valor diferenciador!**

**Concéntrate en tus habilidades.**

**Haz entender quién es, de entre todos el mejor, y sé creíble. Llévalos a decir: "¡Es a él a quien quiero!".**

En el próximo volumen te explicaré, también, cómo mejorar la adquisición de tu objetivo de referencia, el significado de términos como: lead page, squeeze page, página captura-nombres, lead magnet, landing page y funnel. Porque incluso si tu cliente no tiene la menor idea de lo que significan porque no está dentro, como tú, en la red de marketing, es bueno que las conozcas para tener una formación completa y altamente profesional.

Y más palabras como: prospecting, reclutamiento, patrocinio, downline y upline, etc.

**"¿Qué es la credibilidad? ¿Cómo se puede ser creíble? Indudablemente, la credibilidad se refiere a la posibilidad de ser creído. El problema de la credibilidad en la comunicación y, en general, en las relaciones humanas, es muy crucial y actual. Prácticamente no existe un ámbito de la vida**

social en el que no se plantee la cuestión de la credibilidad, a partir de la relación padres-hijos, la comunicación educativa, el sistema de información o la actividad política. Todos quieren ser creíbles, pero a la credibilidad proyectada no siempre le corresponde la misma credibilidad percibida".

(Rosalba Miceli)

Si quieres ser creíble, tienes que saber lo que haces.

**Por lo tanto, será muy importante definir el estado "Antes" de tu cliente ideal y elegir un objetivo que pueda serle útil.** Hacer Seguimiento debe ser su foco principal: cuando impactas con un cliente, no estás en las condiciones adecuadas para que exista una posibilidad real de sincronización entre tú y él (aunque estén dispuestos a hacerlo).

Probablemente en ese momento no eres prioritario para él, este **es el choque real del mundo de la venta. Y tienes que saberlo antes de empezar.**

**Una vez que hayas definido el estado Primero, pasarás a definir el estado Después de tu cliente ideal.** El siguiente, es decir, lo que haces después de conocerlo, después de concluir la negociación. **Existe un antes, existe un durante, pero también hay un después.**

**Pero del antes, durante y después hablaremos de ello en detalle en el próximo libro que pronto saldrá.**

Te recomiendo encarecidamente que hagas un análisis detallado antes de entrar en relación con tu cliente. Pregúntate:

=> ¿Cuáles son sus deseos u objetivos en la vida?

=> ¿Qué está tratando de lograr en el momento en que me relaciono con él?

=> ¿Qué es lo que realmente necesita?

=> ¿Qué quiere experimentar?

=> ¿Quién quiere ser?

=> ¿Soy un valor añadido a su vida?

**¡Recuerda definir cualquier objeción que tu cliente pueda hacerte!!**

**Las razones por las que podría decidir no comprar tu producto o servicio pueden ser infinitas.** ¿Por qué alguien decidiría NO comprar exactamente de ti? ¿Eres creíble suficiente? ¿Tienes la experiencia adecuada para garantizarle tus habilidades?

Y lo más importante, ¿has construido una relación de confianza con él? Puede que ni siquiera te conozca, que no sepa nada de ti.

¡Otras objeciones, en general, se reducen también a la falta de tiempo y de dinero del cliente, **así que intenta comprender a fondo por qué este cliente no te quiere!!**

Ahora tendrás que invertir tiempo para definir el aspecto de tu cliente, para hacerlo, tendrás que "sumergirte" en su mente.

Preguntémonos: "¿Qué quiere hacer realmente nuestro cliente ideal", "¿Cuál podría ser su voluntad?" "¿Qué quiere lograr?" Y cuando lo entiendas, intenta conectar con él imaginando una conversación con su mente.

**"Tienes que ponerte exactamente dónde está tu cliente ideal, no donde crees que debería estar".**

Trate de averiguar dónde está buscando soluciones a sus problemas o preocupaciones, dónde pasa su tiempo en línea y fuera de línea, en qué eventos participa. Lo que le gusta hacer en su vida privada, qué blogs sigue, qué eventos le interesan.

**Trata de llevarlo hacia ti. Trata de ser el más creíble de todos.**

Nuestro tiempo de lectura juntos, por el momento se detiene aquí.

Me gusta saludarte (con la esperanza de encontrarte en la próxima salida) recordando una vez más el tema de la credibilidad porque, como habrás notado, es de suma importancia.

No sólo para la Programación Neuro Lingüística, para el Marketing (sea cual sea su naturaleza), sino para la vida de cada persona y para su éxito profesional es un elemento imprescindible.

Si eres creíble, te arriesgas a recibir menos objeciones del cliente.

Si eres creíble, todos te escucharán, observarán, admirarán.

**Si eres creíble, te arriesgas a ganar, ¿sabes?**

"La credibilidad puede basarse en tres raíces diferentes.

La primera raíz es el conocimiento y la competencia, es decir, la calidad (reconocida) de experto.

Su prototipo en la cultura occidental moderna es la credibilidad del científico, pero la credibilidad basada en el conocimiento es también la del profesor como experto en una disciplina determinada, del médico como capaz de "curar" según los dictados de la ciencia médica, del periodista cuando realiza su trabajo según las reglas de la exactitud, de la integridad de la información, de la verificabilidad.

En términos más generales, es la credibilidad de la persona "bien informada", que informa de los hechos porque ha sido testigo de los hechos o porque tiene conocimiento de ellos".

(Guido Gili)

www.ingramcontent.com/pod-product-compliance
Lightning Source LLC
Chambersburg PA
CBHW030640220526
45463CB00004B/1592